ウォード・ウィルソン
Ward Wilson

黒澤 満 日本語版監修
Mitsuru Kurosawa

広瀬 訓 監訳
Satoshi Hirose

RECNA叢書

FIVE MYTHS ABOUT NUCLEAR WEAPONS

核兵器をめぐる5つの神話

法律文化社

この本を The man on the train に捧げる。

FIVE MYTHS ABOUT NUCLEAR WEAPONS by Ward Wilson
Copyright © 2013 by Ward Wilson

Published by special arrangement with Houghton Mifflin Harcourt Publishing Company
through Tuttle-Mori Agency, Inc., Tokyo

日本語版への序文

　日本は核兵器と特別な関係を持っている国である。世界中のほとんどの人々は，核兵器というものを，日本人の目を通して見ていると言っても良い。人々は，日本の被爆者が語ってきた言葉を通して核戦争の恐ろしさを理解している。人々が心に思い描いている核戦争のイメージも，ヒロシマ，ナガサキの写真から得られたものであろう。日本こそが目撃者なのであり，世界は核兵器に関する真実について，日本に依存している。

　しかし，それにもかかわらず，核兵器に関する真実は多くの課題に直面している。世界中の核兵器に関する考えのほとんどは，著しい恐怖の時代であった冷戦の間に形作られたものである。恐れにとらわれている人々は，十分に頭が働かないものである。恐怖は人々の判断を狂わせ，結論を歪ませる。冷戦の考えは，核兵器に関する真実への到達を困難にしてしまったのである。

　核兵器は多くの国の政府にとって重要である。核兵器は威信とパワーの象徴である。ある人々にとっては，核兵器は誇りの根源である。不拡散の専門家は，自分たちの祖国が重要な国であると認めて欲しいがために核兵器を造った国もあると言っている。愛国的な誇りと，パワーへの渇望が，核兵器に関する真実への到達を困難にしている。

　核抑止という概念が，日本とアメリカとの間の安全保障条約を含む，多くの条約の根幹に据えられている。NATO（北大西洋条約機構）は，ヨーロッパを防衛するために核兵器を使用するという約束の上に作られた組織である。NATOは，自国の安全の維持を核抑止に依存する国家のグループなのである。NATO各国の安心感と将来への希望は，核兵器に依存している。あまりにも多くのものが核兵器の双肩にのせられているために，各国の政府が，時に核兵器の利点を誇張し，また時に核兵器の危険性を控えめに見積もることはことさらに驚くべきことではないだろう。私たちが核兵器に依存する大きさが，核兵器に関する真実への到達を困難にしている。

恐怖，誇り，そして依存のすべてが，核兵器に関する真実への到達を困難にしている。しかし，真実へ至る道を切り拓いていくことが絶対に必要である。核兵器というものは，恐ろしく危険なものである。核兵器は，文明の大部分を一瞬にして破壊する可能性を表している。あまりにも多くのものがそこに懸かっているために，思慮ある人間として，私たちは現実的でなければならない。私たちは，耳触りの良い話や神話による気休めに決して身を委ねてはならない。真実から目を背けることは，私たちの希望，夢，そして私たち自身にとって災いとなる。また，それは，これから成長し，自分の人生の可能性を活かす機会を持つべき子どもたちにとっても災いをもたらすものである。そして，真実から目を背けることは，核兵器により命を落とし，あるいは傷を負った人々にとっても災いである。被爆者の払った犠牲は，私たちに正面から真実を見つめることを要求している。

　私はこの本が日本で刊行されることを光栄に思っている。翻訳と出版の手配をしてくれた長崎大学核兵器廃絶研究センター（RECNA）に対しては，深甚なる感謝を捧げたい。そして，この本の刊行が，核兵器に関する理解を深めるという重要な活動にいささかなりとも貢献できることを願っている。

　日本は，ある意味で，核兵器の問題についての世界の良心である。おそらく日本には，核兵器に関する真実を直視し，核兵器に関する真実を伝える，特別な責任があるだろう。

　2015年10月

ウォード・ウィルソン

はしがき——解題に代えて

　「核兵器のない世界」に向けての議論がここ数年活発に展開されている。核不拡散条約（NPT）の再検討プロセスにおいても，具体的な核軍縮措置の推進と共に，核兵器の廃絶を目指した措置が広範に議論されている。これに関する最近の議論は以下の2点を強調するものである。
　第1は，核兵器の使用の壊滅的な結果を知ることがすべての核軍縮の基礎となるべきであるという「核兵器の非人道性」議論である。核兵器の影響に関する国際会議が三度にわたり開催され，核兵器の使用の影響が事実に基づいた科学的見地から広く議論されている。また数度にわたり共同声明が発出されている。そこでは核兵器が二度と使用されないことが人類の生存そのものの利益であり，使用されないことを確保する唯一の方法は核兵器の廃絶であると主張されている。
　第2は，核兵器の廃絶のためには「法的枠組み」が必要であり，そのために核兵器禁止条約の交渉を開始すべきであるという主張である。ここでは，伝統的に主張されてきた包括的な核兵器禁止条約とともに，核兵器国の参加がなくても核兵器の使用と保有を禁止する条約の交渉も主張されており，さらに核兵器禁止枠組み条約をまず作成し，具体的核軍縮措置は後に合意される議定書で行うという方式も提案されている。
　前者は核兵器の使用の危険，すなわち核兵器のマイナスの側面を指摘し，核兵器の使用は人類の生存そのものに対する脅威であるので廃絶すべきという議論である。後者はそのためには法的枠組みが必要であり，核兵器禁止条約の交渉を開始すべきという議論である。
　本書は，これらの2つの側面に付け加えて必要であるとともに，これらの2つの議論のバックグラウンドとして必要な側面を検討するものである。すなわち，現在の核兵器国の基本的な核政策である「核抑止理論」の基礎にある考え方，すなわち核兵器が有すると主張されているプラスの側面に対して疑問を提

起するものである．核兵器は本当に有益なのか，核兵器は本当に役に立つのかといった「核兵器の有用性」を再検討するものである．

本書の基本的なメッセージは，核兵器が有益であったし，有益であり続けていると一般に主張されているが，それらの考えの根拠となっている基本的な考えは，再検討することが必要であるし，そうするとそれらは論理的に正しい考えではなく，一般に正しいと考えられてはいるが本当は間違っている「神話」にすぎないというものである．

神話1は，広島・長崎への原爆投下をめぐる「原爆こそが日本降伏の理由」であるというものであり，史的な出来事を詳細に検討するとそのような事実はないことが示される．

神話2は，原爆の数千倍の威力をもつ「水爆は革命的な兵器」として信じられていることに対して，核兵器の爆発力の増大は軍事力の増大を必ずしも意味するものではないし，それによって戦争の勝敗が決まるわけではないことが示される．

神話3は，核抑止力は確実に機能するという「危機を回避する核抑止」が長く信じられてきているが，代表的な5つの事例を検討しいずれも核抑止が危機的状況を安定した状況に好転させたという事実がないことが示される．

神話4は，核兵器が平和を守るものであるという「核兵器は安全の守護者」という側面を検討するもので，核兵器のお蔭で戦争が起こらなかったという事実を証明すること，すなわちあることが起こらなかった理由を証明するのは困難であること，他の時代にも平和が続いていたことなどが示される．

神話5は，すでに存在する核兵器を発明されなかったことにすることは不可能であるという「核兵器こそが唯一の切り札」という考えに対し，道具がなくなる基準はそれが有益であるかどうかであって，それが価値があるかどうかで判断されるものであることが示される．

結論的に本書は，核兵器に対する考え方を根本的に再検討すべきことを主張しており，その際に本書で述べる「5つの神話」から離れ，核兵器は事実と有用性の側面から安全保障に有益であるのかどうかを再検討すべきであると主張する．

はしがき

　本書の議論が日本の読者にとって極めて重要であるのは，核兵器をめぐる日本における議論の大部分が本書で列挙されている「神話」に基づいて行われていると思われるからであり，それに疑問を呈したり，さらに詳細に議論するという状況があまり見られないからである。核兵器はこれまで正当なものであると一般に考えられてきているが，本当にそうなのかについて，正当性の根拠となっている理由を広範にかつ深く再検討することが必要である。核兵器の非人道性の主張，核兵器禁止条約の交渉開始の主張とともに，核兵器の正当性を疑い，核兵器の価値を剥奪する「非正当化」の議論が，「核兵器のない世界」を達成するためには不可欠であると考えられる。

　2016年1月

黒澤　満

目　次

日本語版への序文
はしがき——解題に代えて

序　論 ……………………………………………………………… 1

4部からなる物語／神話／世界の終末／実用主義 vs. 神話／5つの神話

神話1　原爆こそが日本降伏の理由 ……………… 25

修正主義者／伝統的解釈／タイミング／規模／反応／戦略的重要性／心地良い物語／隠蔽／結論

神話2　水爆は「革命的な」兵器 ………………… 58

水爆革命／戦略爆撃は決定的か／都市の破壊／歴史の利用／破壊／結論

神話3　危機を回避する核抑止 …………………… 69

核抑止／キューバミサイル危機／異常接近（ニアミス）／1948年ベルリン封鎖／朝鮮戦争／1973年中東戦争／湾岸戦争／結論

神話4　核兵器は安全の守護者 …………………… 98

長い平和／火山の乙女／その他の理由／「良い方」の天使／ビクトリア王朝の人々／感情と戦争

目 次

| 神話 5 | 核兵器こそが唯一の切り札 …………… 116

核兵器という「魔神」／力の通貨／名声／人為的な問題

| 結　　論 | ……………………………………………… 132

核兵器の終止符／現実性／次にすべきことは？

参考文献
索　　引

　　　　　　★本文において，訳注は＊1　＊2…の形で，原注は 1) 2) …の形で示した。

私は，核戦争を回避するためには，それを恐れるだけでは不十分だと確信している。恐れることは必要である。しかし理解することも同じくらい必要である。そして，理解するための最初の一歩は，核戦争は根本的には技術的な問題ではなく，人間と歴史の問題であると認識することだ。もし私たちが破壊を回避しようとするなら，まず初めに，破壊が起きるところの人間と歴史の内容を理解しなくてはならない。

　　　　　　　　　　　　　　　　　　　　　　　　　——フリーマン・ダイソン

序　　論

　およそ70年の間，私たちは核兵器の恐怖——むしろ絶望の恐怖——の中で暮らしてきた。この恐怖は，世界の情勢とともにさまざまに形を変えて現れることはあっても，恐怖自体が消えることは決してなかった。かつて「相互確証破壊[*1]」を恐れるあまり，学校では子どもたちが核攻撃の際にとっさに自分の机の下に隠れる訓練を行い，自宅に爆弾シェルターを作る人々も現れた。今日，人類が消滅する可能性などあまり気にしなくなったかもしれないが，私たちはいまだ核テロ，核拡散，そして何よりもイランのような国が密かに核兵器の入手に必死になっているのではないかという疑惑に怯えている。

　核兵器は私たちの前途に漠然とした不安を投げかけているように思える。私たちは万が一の事態が発生したような場合，この危険な核兵器をコントロールできないのではないかという危惧を抱いている。核兵器を使うという見解はとても受け入れがたく，何十年もの間，私たちは核兵器を実際に使用することなど「問題外」だと叫んできた。核兵器は深刻な不安と懸念をもたらす。だが，私たちは核兵器を廃止することはできない。なぜなら核兵器は——明らかに——必要だからである。

　核兵器は，恐怖と必要性という２つの両極端の間で揺れている存在だ。この２つは，核兵器に関する議論に常について回る，ひどく厄介なジレンマであ

＊1　お互いが，相手のどんな攻撃があっても，生き残った核兵器で相手を壊滅に追い込むことができる状態にあること。

る。映画『博士の異常な愛情（原題：Dr. Strangelove）』を考えてみよう。1960年代初期のこのブラックユーモアたっぷりの映画は，パラノイド（被害妄想）の米空軍司令官が異常な陰謀説をつぶやき，許可なくロシアを攻撃するために爆撃機を発進させてしまう。爆撃機を呼び戻そうと半狂乱になる軍と政府の首脳部が演じる深刻な喜劇の果てに，スクリーンにキノコ雲が次から次へと立ちのぼるところで映画は終わる。『博士の異常な愛情』は今日でも，いまだに映画として意味がある。なぜなら，私たちは責任感から狂気に駆り立てられる人間を容易に想像することができるからである。

　ある意味で私たちの懸念はもっともなものだ。核兵器が実際に使用される可能性は，いまそこにある危機なのである。人類は何千年もの間ずっと戦争を経験してきた。戦争は本能的なものかもしれないし，そうではないのかもしれない。しかしそれは，きっと人間の人格の一番深いところに根ざしている。こうした根強い衝動が良識に打ち勝つことはありうる。ある日，大きな戦争が起こり，そこに核兵器が使用可能な状態で存在する限り，いずれかの国が実際に核兵器の使用に踏み切らないという保証はないだろう。人々がいまだにそのような不安を抱いているのは当然のことなのである。

　核兵器に関する恐怖は，米国をはじめとする多くの国々の外交政策に計り知れない影響を与えてきた。冷戦の間ずっと，私たちは核兵器の恐怖に駆り立てられるままに，軍備の拡張競争に天文学的な額の資金を投入する羽目になった。核の恐怖は，キューバのミサイル危機の時にはパニックを引き起こし，また，米国がソ連との間で戦ったいくつかの代理戦争にも暗い影を落としていた。冷戦は終わったにもかかわらず，私はいまだにこの核兵器の落とす暗い影を私の頭の中から追い出すことができないままである。核兵器は2003年のブッシュ政権のイラク侵略を正当化する上で大きな役割を果たした。核兵器の影は，イスラエルにイラクの原子炉とシリアの兵器施設を爆撃させた。そしてイランではいつか武力衝突を引き起こすかもしれない。

　しかし，もし私たちの核兵器についての考え方がまったく間違っていたらどうなるだろう。もし冷戦の軍備競争を支えてきた前提が間違っていたらどうなるだろう。もし私たちの軍事計画と予算編成が誤った論理に基づいていたとし

たらどうなるだろう。原爆が第二次世界大戦という異常な状況の下で最初で最後に実際に使用されてから70年が経過する間，もし，私たちの核兵器に関する理論には実はほとんど具体的な根拠がなく，くり返し否定されてきた論理に基づいて核兵器に関する政策が進められてきたとしたらどうだろう。もし私たちの根深い恐怖は正当だったとしても，核兵器は必要だという数十年にわたる信念が誤りだったとしたらどうなるだろう。

最近，核兵器に対する考え方に注目すべき変化が出てきた。2007年，冷戦時代の主要人物たち——ジョージ・シュルツ，ウィリアム・ペリー，ヘンリー・キッシンジャー，そしてサム・ナンに代表される——が「核兵器のない世界」という目標を支持すると公言した。*2 その論文は，米国での核安全保障に関する論争の転換点だった。その2007年の『ウォール・ストリート・ジャーナル』の署名入り記事は「半世紀あまりの中で初めて米国の核政策についての論争における見解を根本的に書き換える転換をもたらした1)」。この核兵器をめぐる考え方の変化は，バラク・オバマ大統領のプラハでの「核兵器のない世界」というスピーチと2010年の『核態勢の見直し*3』へとつながった。

冷戦の終結から20年が経ち，新しい学識は核兵器に対する考え方に対し，いつの間にか大きな変革を促していた。事実を注意深く見直すことで核兵器の有効性は高く評価され過ぎていたことがわかる。誇張された主張がなされた（そして冷戦の恐怖によって誇張され続けた）が，歴史的には，核兵器がそこまで有効であるとは証明できなかった。核兵器賛成派の考え方の多くは，神話，誤解，誇張そして誤りに基づいてつくり上げられてきた。この本は，それらの神話を明らかにし，事実を調べ，賛成派の見解が現実からどのくらいずれてしまったかを明らかにする。

核兵器反対派の人々のほとんどは，核兵器の恐ろしさと，それが人間性に反するという主張を用いて議論しようとしてきた。彼らは，人類は根本的にその

＊2　彼らはそれぞれ順に，レーガン政権時の国務長官，カーター政権時の国防次官，ニクソンおよびフォード政権時の国務長官，レーガン政権時の上院軍事委員長を務めた。

＊3　国防や安全保障に関する大きな政策の変更や情勢の変化に伴って米政府が不定期に実施する核政策に関する全般的な再検討。

人間性を変える必要があると主張する。しかし核兵器の問題の解決策を考えるためには感情的な苦悩も劇的な変化も必要ない。根拠のない思い込みや誤解を，歴史的な事実を提示することで具体的に否定するという議論で十分である。私たちは核兵器の問題を解決するために，自分たちの価値観，道徳あるいは生き方を捨てる必要はない。核兵器はもともと異常なものだ。だから核兵器に対処するためには，すべてを変える必要はなく，現実的な措置で対処できるのだ。

4部からなる物語

　知識は経験に由来する。核兵器に対する考え方もまた，私たちの核兵器に関する，実はかなり乏しい経験に基づいて作られてきたものである。人々は4つの主要な経験から核兵器を理解したと思いこんだ。そして4つの出来事は融合して常識となっている。

　この本は，その核兵器に関する4つの経験を再検討することで，核兵器の物語をもう一度考え直す。それを衝撃，飛躍，危機，そして平和と呼ぼう。この4つの経験のそれぞれが，1つの見解を形作り，さらにこの4つの見解は現在の社会通念の土台となっている。だが，この核兵器に関する4つの経験は，それぞれ誤って理解され，解釈されてきた。それぞれが導いた4つの土台はいずれも誤りである。これら4つの核兵器に関する誤解は，核兵器をめぐる神話の中で祭り上げられ，通説として定着した。しかし，今日ではその核兵器に関する通説は，実は穴だらけで，とても信頼に足るものではないと考えられるようになってきた。

　第1部——衝撃——では，各国が必死になって核兵器を手に入れようとしていた初期の経験とそこから得られた考え方を取り上げる。その最も重要な出来事は戦争における最初の（そして唯一の）核兵器の使用である。広島と長崎への原爆投下とそれに続く日本の降伏は極めて重大な結論を導いた。つまり核兵器は敵対者を脅し，制圧する比類ない能力があるのだという意見である。

　2番目の段階，飛躍の段階は，およそ1950年代に起こった。ここではソ連と

米国の核兵器保有量の増大を取り上げるが，水爆の開発とそれを運搬する長距離ミサイルの導入のような一連の技術の進歩が含まれる。第二次世界大戦中の都市爆撃の有効性についてはずっと疑問がつきまとっていたが，1950年代半ばまでにはそれらの疑問は消滅した。水爆は破壊力の大飛躍という革命であり，それゆえ核兵器が決め手になると信じられるようになったのである。

　第3部は，危機の段階である。1950年代半ばから1970年代にかけて起きた一連の出来事を重ね合わせる。しかしそのクライマックスは1960年代初期だ。この段階には，核兵器保有量は桁違いに巨大となり，その上冷戦の緊張はぐんぐんと高まった。相次ぐ米ソの著しい対立が発生し，そのどれもが戦争につながりかねないような重大な出来事だった。だが，実際に戦争につながった出来事は1つもなかった。この事実——あまたの危機にもかかわらず，戦争が回避されたこと——から核兵器について一連の結論が引き出された。つまり，核抑止は大きな力であり，それは極めて強力で信頼できるものであり，そして核兵器は——逆説的に——実際は危機の時に役に立つということである。

　核兵器に関する通説を完成させた第4部は，1970年代から50年後の現在，つまりほぼ私たちの時代のことである。それは核兵器保有量が大幅に縮小された，比較的静かな時代であり，だいたいにおいて核兵器国間での平和が広く行き渡っている。核兵器の保有は実際には平和を推進している（あるいは平和を保証さえしている）という信念が着実に定着してきた。この時代はまた冷戦が終結し，核兵器は以前ほど重要だと考えられなくなってきつつある。しかし，振り返れば，核兵器の存在は，第二次世界大戦の終結から現在に至るまでの長い平和を生み出し，維持してきたという理由で，人々は，ますます頻繁に核兵器は必要だと口にし始めていた。

　これら核兵器に関する4つの経験は，核兵器に対する考えに大きな影響を及ぼした。それぞれの段階は考え方の重大な変化を象徴し，結果として今日の核兵器に関する通説を形づくる上で，極めて重要な影響を与えてきたのである。

　そこで，この核兵器をめぐる4つの考え方について，もう少し詳しく見てみよう。米当局は1945年夏に日本が降伏する可能性を探ったが，見通しはかなり暗かった。日本軍は相次いで敗北していた。66の都市には焼夷弾が落とされた

が，明確な効果はなかった。潜水艦による封鎖で食糧，経済資源そして援軍が日本本土と外地を行き来するのを妨げた。飢えが迫ってきた。日本にはほとんど燃料が残っておらず，艦隊は港に留め置かれた。ベテランのパイロットは戦死していた。だが，絶望的な状況にもかかわらず，日本は断固として戦い続けていた。結局，米国が2発の核兵器を投下した後，日本は突然，降伏の意思を示した。天皇は降伏を知らせるラジオ放送の中で，降伏する理由を原爆だと明確に述べた。

　結論は明らかである。すなわち，核兵器には敵を打倒するための何か際立ったパワーがある。それは他のすべての軍事的手段——いくつもの大きな戦闘における勝利，経済への打撃や食糧の不足，焼夷弾攻撃さえも——とは別格のパワーである。核兵器は，世界中の軍事思想家や政府高官が結論づけたように，どんな通常兵器とも異なる。この兵器は極めて恐るべき一撃を与えて敵に降伏を強いることができるのだ。他にそんなことができる兵器はない。

　これは核兵器に対する最初の，そして最も重要な考えである。他のすべての考えはこの上に築かれている。つまり核兵器は，他の兵器にはできない，相手に対し圧倒的な恐怖を与えることができる心理学的なパワーを持っている。

　2番目のエピソード——水爆の開発による破壊力の飛躍的な拡大——は核兵器の確実性をより確かなものにした。たとえ原爆が本当に決め手になったかどうか疑問の余地があったとしても，この新しい兵器はすべての疑いを払拭した。水素爆弾は広島を破壊した爆弾より「何千倍」も巨大な破壊力を持っていた。水爆は一撃で最も巨大な都市でさえ壊滅させることができるだろう。そして理論的には水爆のサイズには限界がない——もしそれを運ぶ方法を見つけ出せれば広島に落とした原爆の百万倍も強力な爆弾を造ることもできるだろう。人々は水爆が核兵器のパワーを飛躍的に発達させたと好んで口にするようになった。

　一連の出来事の3番目，つまり私が危機と呼ぶこの部分は2つの結論を導き出した。これら2つの考えを組み合わせることで，核兵器に対する最も重要で危険な誤解が生み出されてしまった。なぜなら，それらは核兵器をどのように用いるかということと関連しているからである。この時代に発生した危機的な

状況から得られた教訓は，核兵器は現実の対立の中で役に立ちうるということだ。1948年のベルリン危機を皮切りに，キューバ危機から1973年の中東戦争，そして1990年の湾岸戦争に至るまで，核兵器は敵が思い切った軍事行動にでることを抑止する目的で警告を発する際に，有効であったと一貫して信じられてきた。危急の場合，全面核戦争の危険を示唆することは，他の方法では到底不可能なレベルの深刻な警告を与えるように思える。核の専門家たちは外交や政治の目的を達成するために核戦争の恐怖を操作することが可能だと結論づけた。核兵器を利用して相手に衝撃を与えたいのならば，核兵器を使用する——戦場で実際にそれを爆発させる——必要はない。情勢に影響を与えるには核兵器に言及するだけで明らかに十分なのである。ほとんどの核の専門家たちは冷戦の危機の経験から，核抑止は疑問の余地なく信頼できるもので，情勢に強力な影響を与えられることを学んだのだ。

　冷戦からくる2つ目の教訓は，核兵器は危機の間，それを抑える効果があると思われることである。核兵器は無謀な行動の引き金となったり，あるいは危険性を増大させたようには見えなかった。その反対に，核兵器は明らかに，より大きな警告となり，危機の早期解決へとつながった。核戦略家たちは，核兵器は危機の際の安定性とでも言うべきものをつくり出すとますます考えるようになった。結局のところ，核抑止はかなり信頼できるものであり，平和を推進するのに有益な道具だと人々は結論づけた。

　4番目の段階の経験——核のパワーの中で平和が長く続く時代——は3番目の教訓を増幅させるように見えた。米ソ間の主要な対立が縮小した時代のように，核兵器はあたかも危機の中で平和を推進するだけでなく，全体として見れば，実際に平和に役立ったかのように見える。ある有名な論文の中で歴史学者ジョン・ルイス・ギャディスは，ヨーロッパや米ロ間で大きな戦争が戦われなかった65年間という「長い平和」は核兵器の影響によるものだと主張した[2]。そして核保有国の外交政策の専門家たちも，核兵器は危機に有益であるだけでなく平和のためにも必要であると認めている。

神　話

　核兵器に関する一連の物語が作られている中で生じた誤解のうち，少なくとも1つは国際的に拡げられた嘘の結果として定着したものだ。つまり日本の指導者たちは，なぜ日本が降伏したかについて，米国の指導者たちを故意にあざむいたのだ。しかし核兵器に対する誤った考え方すべてについて，その起源がはっきりしているわけではない。核兵器について一般的に主張されていることの中には，私には明確な説明ができないものもある。なぜそのような誤解が，一時的な仮説からいつの間にか通説として定着し，「事実」として多くの人が信じるようになったのか，その過程を説明するのは難しい。しかしそれらの核兵器に関する「仮説」だったはずの考え方が，時間を経るにしたがって「神話」として人々の間に定着し，人々が疑問を抱かなくなってきたことは否定できない。

　1948年のベルリン危機がその後，不思議なことに時間が経つにしたがってそこで発生した事実そのものがあたかも別の事実に変化していったかのように見える問題を取り上げてみよう。ベルリン封鎖は核時代の最初の主要な危機であり，多くの点で，その後に発生したさまざまな危機のパターンの先例となった。核の専門家や歴史学者，そして政府高官らが——危機を振り返る中で——，ほとんど例外なく核抑止の失敗と見られていた事実を，どのようにして核抑止の成功例へと再解釈していったのか，そのプロセスを説明している。

　第二次世界大戦の終結から3年後，1948年夏，ソ連とそのかつての同盟国との間で緊張が高まった。米国，英国，そしてフランスはドイツの再建を推進していたが，ソ連は米英仏が進めようとしていた再建策には賛成していなかった。不満が高まり，意見の対立を解決するための交渉が暗礁に乗り上げた時，ソ連はベルリンへと通ずる鉄道と道路の遮断を決定した。当時，米英仏ソは，ベルリンとドイツの領土を4つの区域に分け，各国がそれぞれ1つの区域の管理を担当する形でドイツを占領していた。4つの区域に分割されたベルリンはソ連の占領地域——それはドイツの一番東の部分であるが——の真ん中に位置

していた。1948年6月24日，ソ連軍はドイツの西側地域（米英仏の管轄区域）からベルリンへと通ずる道路と鉄道を完全に封鎖した。ドイツの西側地域からの供給がなければ，ベルリンの米国，英国，そしてフランス区画のドイツ市民は飢えに苦しむことになる。それが危機の引き金となった。戦争が始まるという噂も広がったのである。最終的に米英仏の軍隊は，航空機によって必要な物資を直接ベルリンの米英仏区画に輸送するという解決策を考え出し，11カ月後，ソ連は封鎖を解いた。

危機の間，米国がソ連にかけた圧力の一環として，トルーマン大統領は多くのB29爆撃機——それは広島と長崎の原爆投下に使われたのと同型機——を英国に送り込んだ。このB29を配備したというニュースはマスコミにリークされ，この配備は「危機を解決するためのデモンストレーションとして広く受け取られた[3]」。実際には，これらの爆撃機には原爆を投下する機材は装備されていなかった。実は少数のB29爆撃機だけが原爆投下用に特別に改造されていたのだが，原爆投下用に改造されていた機体は依然として米国内に置いてあったのだ。しかしその時，人々が見たものは核戦争の可能性だった。いずれにしてもB29の再配備は危機に大きな影響を及ぼしたとは考えられていなかった。封鎖は11カ月間以上続き，B29の再配備が最終結果に影響を与えたと判断すべき根拠はほとんどないと言うべきであろう[4]。

1人の歴史学者が米国政府の一般的な反応を次のように要約している。「1948年の夏，アメリカの指導的政治家たちは，B29の配備がベルリン封鎖の危機の解決に直接影響を与えたとは思っていなかった」。しかしその直後，理解に苦しむような現象が起きたのだ。「時がこのエピソードの詳細を霞ませるにつれ，彼らは核兵器が『戦争をしない武力』の手段になりうるかもしれないと信じるようになった」。証拠があるにもかかわらず，またベルリン危機にかかわった人々が最初に引き出した結論にも反して，米国政府の関係者たちは，

＊4　米英仏ソはドイツの国土を4つの区域に分け，各国がそれぞれ1区域を管轄していたが，それとは別に占領の象徴として首都ベルリンも4区画に分け，それぞれの区画を米英仏ソが占領する形になっていた。ベルリンそのものはソ連の管轄区域の中にあり，ベルリンの中の米英仏の占領区画は，米英仏の占領区域の「飛び地」のような形になっていた。

実際に核兵器が危機を解決するのに大きな役割を果たしたと信じるようになったのだ。ベルリン危機の解決にとって核兵器は有効だったと誰が言い出したのか、はっきりとはわからない。しかし時が経つにつれ、米国政府では危機の時に核兵器保有が不可欠だという意見が高まっていったようだ。1年の内に、核兵器は情勢に影響を与えるために有効であるという意見が多数を占めるようになった。当時、核兵器には大きな影響力があるとは思われていなかったにもかかわらず、米国の当局者たちは、次第に歴史をさかのぼって核兵器が重要な役割を果たしていたと信じるようになった。2年後に朝鮮戦争が勃発した時、「アメリカの指導的政治家と兵士たちは、もし核兵器が適切に利用されるならば、それは紛争管理に極めて有益な道具になるという信念を朝鮮戦争に持ち込んだ」と、1人の歴史学者が1988年に記している[5]。

　ここで何が起きたのか。きちんと証拠に基づいて結論に達していたはずなのにもかかわらず、それとは反対の通説がいつのまにか広がっていたというのは、一体なぜなのだろうか[6]。核兵器が関係している場合、通説は証拠のみではなく、それ以外の要因でつくられている。しかもベルリンの危機が唯一の例ではない。他の出来事も、事実に必ずしも合致しない見解につながっている。事実をなおざりにして、核兵器の概念はしばしば神話の様相を帯びているように見えるのである。

　人間は神話作家である。最近の神経科学研究から、物語は私たちの考え方や理解の仕方に不可欠な要素であることがわかっている。理路整然とした物語が存在しない場合でも、私たちの脳は事実に合うように筋書きを創り上げようとする[7]。私たちがなぜ神話を創り上げ、どのように創り上げるかは完全には答えられない問題である。しかし私たちが、自分たちの経験を、「こうあるべきだ」と願っている信念に合うように再解釈し、しばしば事実を神話に作り替えてきたことに疑問の余地はない。私たちが時々、神話を見下して口にする（「ただの神話じゃないか！」）にもかかわらず、神話にはアイデンティティを形づくるパワーがある[8]。

　神話が国家の自画像を形作る点について考えよう。愛国的な神話は、特に長い期間にわたって、多くの人々を動かすほどの力がある。例えば、米国の学校

では子どもたちに200年以上の間，初代のアメリカ大統領ジョージ・ワシントンは嘘を言ったことがないと教えてきた。英国では，幼い子どもたちがある英国王について学ぶ。その伝説の国王は魔法の剣を持ち，国王の部下である騎士たちを円卓に座らせるほど強く平等を信じていた[*5]。

核兵器にかかわるところでは，一連の強力な神話が私たちの考え方を形作ってきた。そして，私たちを事実から遠ざけて，核兵器に関する現実の政策を歪める結果となってしまった。確かにこれらの神話は歴史を——悪い方向にだが——形作ってきたのだ。

世界の終末

私たちは核戦争のことを，詳細かつ論理的な分析を通して考えることはしない。私たちは核戦争をおおげさなメタファー（隠喩）の中で考えがちである。すべての中で最も壮大なものは古代の『ヨハネの黙示録[*6]』の物語である。それを考えてみよう。一般の人々が核戦争に対して抱いている概念は，翼の生えた馬に乗った男の物語[*7]と同じくらいの事実にしか基づいていない。

誰もが核戦争がどのようなものかは知っている。つまりそれは「世界の終末」である。私たちはその概念をもう一度考え直そうとはしない。それは核兵器政策についての私たちの考え方に極めて強く根づいており，あまりにも当然のことであるために，私たちのリビングルームにある家具に対してと同じ程度にしか注意を払っていない。しかし核兵器に関する話の大半が2000年前の宗教書からそのまま抜け出してきたようなたとえ話や教訓の形で語られることは，不自然ではないのだろうか。

核兵器については，その出現の当初から聖書的なイメージに重ね合わせるような形で表現されてきた。最初の核爆発実験を観測した英国の科学者の1人で

＊5　アーサー王伝説のこと。
＊6　『新約聖書』の巻末の書。ヨハネが神に見せてもらったという未来の「世界の終末」や復活が描かれている。
＊7　ギリシャ神話のペレロポーン。

あるジェームズ・チャドウィックは畏敬の念に打たれ，彼が目撃したものを記述するのに宗教的なイメージを借用した。「あたかも神自身が私たちの中に現れたかのように，1つの巨大なまばゆいばかりの光が空と大地を照らした……あたかも空が裂けたかのように，突然の鋭い爆発音がやってきた……ヨハネの黙示録の光景」。トーマス・ファーレル空軍大将はこれを次のように記述した。「爆発から30秒たって，最初に人々や物に激しい圧力を加えるような衝撃波がやってきて，間髪をいれずに強烈で恐ろしい轟音がそれに続いた。それは最後の審判の日を警告し，私たち取るに足りない者たちが冒涜的にも，これまで全能の神のために取ってあった力に大胆にも手を付けてしまったことを感じさせた」。J. ロバート・オッペンハイマー――米国で核兵器を開発した科学者たちをリードした人物――は夜空に昇る最初の火の玉を見た時，彼の心によぎったのはバガヴァッド・ギーター*8の中の言葉である，「我は死神なり，世界の破壊者なり」だったと述べた。「世界の終末」は核兵器を理解するのにちょうど自然な形だった。

　私たちが核戦争を呼ぶ際に使用する他のポピュラーな名前を考えてみよう。私たちはそれを超科学戦争とは呼ばない。私たちはそれを大量死戦争とも呼ばない。私たちはそれを，戦略家ハーマン・カーンが提唱した，不気味で気まぐれな合成語，つまりウォーガズム（wargasm）とさえも呼ばない。核戦争を指す言葉として，「終末」と並んでよく使われる言葉は，聖書が「終末の日」の最終決戦の場所だとするイスラエルの丘を指す言葉だ。私たちが核戦争を「世界の終末」と呼ばない時は，それを「アルマゲドン」と呼ぶ。

　「世界の終末」は文化と時代を超えて宗教的な予言やポピュラーな神話のようにみえる。旧約聖書のダニエル書は「世界の終末」的であり，新約聖書の黙示録は「世界の終末」的予言である。そしてコーランには「世界の終末」のようなスーラ*9がある。時の終わりを予言したゾロアスター教徒，そして北欧サガ*10には神々の間の天変地異の戦いについての物語がある。「世界の終末」の作

＊8　ヒンドゥー教の聖典。
＊9　教典の章のこと。
＊10　叙事詩。

品は古代に限定されない。シビュラの託宣（Sibylline oracles）は3世紀から5世紀にかけてヨーロッパの様々な著者によって書かれた。[15] 道教の「世界の終末」の上清派の経典（Shangqing scripture）は4世紀の中国で生まれた。ノストラダムスは1500年代に終末について記した。「世界の終末」の作品は16～17世紀のドイツとイングランドで政治暴動につながった。[16] 19世紀の節目になると，至福千年説の信奉者たちが時の終わりと大晦日の真夜中の神の降臨を予言した。

　さまざまな宗教の提示する「世界の終末」の状況は似通った部分が多い。典型的には，罪と不名誉がはびこる世界があり，その悪の世界で，敬虔な信仰と厳格な戒律を通して，俗界の不正や悪に染まらず，清く正しく生き抜く人々によって構成される1つの集団だけが救われるというものだ。中心となるドラマは世界を震撼させる戦いや大異変で，信じられないほどの死者と破壊をもたらす。しかしそのグループは——その信念が故に——生き残る。結末は新しいより良き場所，つまり罪が洗い流された世界である。「世界の終末」を信じる人々は迫り来る運命を知り，自分自身が神の力によって守られていると感じている。

　世界中の人々は何千年もの間，「世界の終末」に惹かれてきた。核兵器は「世界の終末」に対する信仰を生み出すようなことはないが，「世界の終末」と強くつながっているように思える。「世界の終末」はしかしながら，神話あるいは予言である。それは現実ではない。世界中の様々な民族は異なる時代と場所で，必要に迫られて，類似した世界の終末に関する神話を創り出してきたことは明らかであろう。しかし，核戦争は非常にはっきりとした現実だと言わなければならない。核戦争には具体的な特徴と規模がある。核戦争は，人間の歴史上にあったモンゴル帝国の戦争，30年戦争，ナポレオン戦争，第一次世界大戦，そして第二次世界大戦のような，他の全面戦争に似ているという可能性は高いだろう。[17] 核戦争がとる正確な形態はほとんどわからないが，「世界の終末」の物語には似ていそうにない。核戦争によって悪が浄化されることはない。全面核戦争は人類を「世界の終末」よりもずっと暗黒時代に似た時代（それを最も暗黒な時代と呼ぼう）へと導きそうだ。ましてや限定された小規模な核戦争

13

は,「世界の終末」には似ていないだろう——桁外れの破壊は起こるが,それによって万物が洗い清められることはないのだ。

蔓延した「世界の終末」のアナロジー(類似性)が証明していることは,私たちが核戦争について考える時に,宗教的な予言または文化的な神話の観点から考えるか,核戦争の現実を探求するかという選択の中で,進んで神話を選んでしまったということだ。ヨハネ黙示録の観点から核戦争を眺めたいという欲求は,核戦争について現実的な考察を求めるという立場とは両立しない。しかも架空のことを考えることで,政治がより分別あるものになるかどうかは明らかでない。21世紀の軍事現象を宗教的な予言,あるいは文化的な神話の観点から考えることにどんな意味があるのだろうか。

実用主義 vs. 神話

神話を文化的アイデンティティへの道案内として,あるいは形而上学的な[*11]ストーリーを書こうとしている作家が用いることは,人類のために役立つだろう。私たちは,少なくとも数千年の間,それを行ってきた。しかし神話を現実の問題に対処するための手引きとして使おうとするのは,少なくとも問題をよりややこしくする定式である。ヨーロッパへの一番安い飛行便を探そうとしている時に,ダイダロスとイカルスの物語[*12]を読んだことが役に立つだろうか。

結局のところ,1950年代からの核兵器に関する論争は,現実的な分析の代わりに,もっぱら神話に頼ることで国際社会の現実を説明しようとした結果なのだ。何十年もの間,核兵器反対派はその危険性を主張した。人類はあまりに好戦的であり,あまりに攻撃的な態度をとりがちであり,新しい兵器の誘惑の虜になっていることを認めなければならない,と。核兵器は人の道に外れていると反対派の人々は主張した。そして私たちが心を入れ替え,戦争が根絶された時にのみ,私たちは核兵器の破壊の恐怖から安全になるだろうと述べた。核兵

---

*11 抽象的な思考の。
*12 ギリシャ神話に出てくる,人工の翼で牢を脱出した親子。

器が発明されて，最初にそれに反対する人々が表明したのは，世界政府に対する相次ぐ支持だった。

　核兵器賛成派は，しかしながら，そのような主張は現実的ではないと反論した。人間性を変えることなどできないと核兵器賛成派の人々は言った。そして核兵器は切り札となる兵器であり，敵が核兵器を保有している限り，自分たちが一方的に核兵器を放棄しようとすることは馬鹿げていると主張した。たとえ核兵器が極めて恐ろしい兵器であっても，物騒な世の中では心を鬼にして，自分たちを守るために必要な措置は講じなければならないと述べたのだ。

　この2つの見解の対立は，核兵器の発明後，60年間にわたって，うんざりするほど繰り返されてきた。フィリップ・ボビット[*13]はかつて，核兵器の論争は，琥珀の中で化石となった先史時代の虫のようだと書いた。つまり，それは明らかに，かつては生きていたが，何百万年の間，まったく動かないままなのだ[18]。この議論（実際は，むしろ両者は過去にはお互い話し合っていた）の変わることのない本質は，ある面で，核兵器に関連した問題はもう手に負えない問題なのだと人々に思い込ませているようだ。

　しかしながら，以上述べた論争で目立っている点は，実際には，核兵器にはあまり関係していないことだ。根本的に両者が話題にしているのは私たち，人間の本性についてだ。論争の中で彼らは核兵器に軽く触れてはいるが，議論はすぐに人間の本性は悪なのか善なのかという話題に移ってしまう。私たちはもっと道義性に気を配る必要がある，と核兵器反対派は主張する。問題は人間の誤った好戦的な性質にあると言うのだ。核兵器賛成派はその主張に反対している。私たちはもっと現実的になる必要があると言うのだ。問題の解決を困難にしている本当の理由は，生きるためには避けられない争いもあるという厳しい現実から目をそらそうとしている姿勢だと言う。結局，反対派も賛成派も，本当の問題は，私たちが置かれている不幸な状況ではなく，その状況をどのようにとらえるかという人々の姿勢にこそあるという点では一致している。その結果，私たちは核戦争の恐怖の下で生き続けることになった。アインシュタイ

---

*13　米国の歴史学者。

ンですら例外ではない：「核兵器は何もかも変えてしまった。私たちの考え方を除いて（私たちは変わることができなかった）」，超タカ派として有名なカーティス・ルメイ米空軍大将も同様に；「核兵器を使うことが最も効果的だと思ったことは何度もある。しかしながら，あなたたちが核兵器を口にする時，この国と世界中の世論は，恐ろしさのあまりあきらめる。まさに彼らに与えられたプロパガンダのせいで[19]」（私たちはとても神経質だ）と，問題は人々の核兵器に対する姿勢にあると述べている。

しかし，核兵器に対するこの考え方は無意味である。神話に頼った議論は，私たちの注意を現実の当面する問題から，すばやく，そして，まったく見当はずれの方向に逸らしてしまうのだ。核兵器はあくまでも現実的な問題だ。落石が道路を塞いだ時，落石を取り除く，あるいは迂回路を見つける最良の方法は，そこに通りかかった人の性格の欠点を指摘し，直そうとすることではない。道路を塞ぐ落石を前にして「この問題を解決する最初のステップは，私が思うに，私のカウンセラーとよく話し合うことだ」などと言い出す人がいるはずがない。実際の問題を解決するためには，その状況を調べ，現実的にそれを判断し，それから具体的な措置をとることだ。核兵器は人間の性格の問題ではない。それは現実的な問題なのだ。

実用主義は，ある意味で，世界をあるがままに受け入れるという主張だ。それは何よりも経験を大切にする哲学だ。核兵器を理論的に扱おうとする研究は数えきれないほどあるだろう。数式がぎっしり詰まった複雑な論理の研究があった。感情と，現実性をあまり考えないさまざまな想定の下での，怒りの論争があった。しかしまさに事実に着目した実際的な解析に基づく研究と呼べるものはあまり多くない。いまや冷戦は終わり，核兵器に対する怒りや恐怖がいくらか薄れた中で，核兵器についての事実を慎重に見つめることは価値があるかもしれない。偏見なしに具体的な証拠を確認することには意味があるかもしれない。

感情が現実的な分析の障害となっている側面は大きいだろう。たとえ私たちが核兵器に対して現実的になりたいと考えているとしても，多くの人々は，核兵器は自分たちを守るために存在していると信じ込もうとしてきた。核兵器に

序論

関する現実的な分析を進める上で問題となるのは，分析に必要な技術というよりも，むしろ人々が核兵器に対して抱いてきた恐怖と，核兵器が「こうであって欲しい」と願ってきた願望である。ルートヴィヒ・ウィトゲンシュタイン[*14]はこう言った。「問題を理解しにくくしているものは——もしそれが重要な何かであるならば——問題を理解するためには特別に高度な教育や訓練を受けていなくてはならないということではなく，その問題をありのままに理解することと，その問題に対し『こうあって欲しい』と多くの人が望んでいる願望との間に大きな隔たりがあるということである。」[20]

　この問題を政策と軍事力という観点から考えてみると，その現実性と重要性が理解できる。大多数のアメリカ人のイランに対する現在の態度を考えてみよう。多くの人々は，イランが核兵器を手に入れたら，イランはアジアと中東の間で一定の重要性を持った中規模の勢力から，魔法のように，その周囲のすべての国を支配することができるビヒモス[*15]に変わってしまうと信じているだろう。人々は，核兵器がイランの影響力をさらに大きくさせ，中東の情勢を根本的に変えるパワーを与えると想像しているようである。2012年の共和党のどの大統領候補者たちも（たった1人の自由主義者であるロン・ポールを除いて）イランの核兵器開発を許さないときっぱり言い切った。イスラエルと米国がイランに対して厳しい警告を発する度に，イスラエルと，さらには米国までもがイランの核開発を阻止するために，イランに対し一方的な武力行使に踏み切る可能性が高まっていったように見えた。しかし，核兵器の保有がイランに与えるであろうパワーは，神話的な道具が与えたパワーの類いであり，ペルセウス[*16]が使った翼の生えたサンダルやアーサー王の剣，エクスカリバーのようなものだ。現実の兵器が神話的な威力を発揮すると考えるべきではない。中東における情勢を現実的に再検討すると，関係するすべての国々は，核兵器の保有はイスラエルに中東を支配するパワーを与えていないし，そしておそらく同様に核兵器の保有はイランにも中東を支配するようなパワーを与えないことに気づく

---

*14　オーストリア生まれの哲学者．
*15　聖書の「ヨブ記」に登場するカバに似た巨獣．
*16　ギリシャ神話の英雄で，神々の道具を身に付けて活躍した．

だろう。もちろんイランが核兵器を手に入れること自体は悪いことだろう。核兵器を持つ国が増えれば増えるほど，核保有国を巻き込む戦争が起こりやすくなる。そして核保有国を巻き込む戦争の可能性が高くなれば，核兵器が使われる戦争の可能性は高くなる。核兵器に対する私たちの議論は，そのこと，つまり核保有国の増加が，突然大規模な破壊がもたらされる危険性を高めるという事実を政策に反映させる必要性を指摘すべきなのだ。

しかしたとえ過去の核兵器に対するアプローチには大きな欠陥があったとしても，急激な変化を追い求めることも賢明ではないかもしれない。確かにこれまでの核兵器をめぐる議論には多くの問題があったが，それでも私たちは慎重に再検討を進めなければならない。1発の核兵器は1つの都市を一瞬にして壊滅させることができ，米国とロシアの数千発の核兵器はいまだに即座に発射できる態勢にある。さらに今日では9カ国が核兵器を保有し，世界中の核弾頭の合計は2万発以上になる。[*17]

国際的な惨事がたった1つの間違いから起こり得る状況では，これまで大きな問題を引き起こすことなく続けられてきた政策を継続することも，一見慎重な態度に見えるかもしれない。しかし，不幸にも，核兵器の危険性は逆の言い方も可能にする。つまり，単にこれまで問題が起こらなかったという理由で誤った考え方にしがみつくこともまた大惨事につながり得るのである。誤った理論を基礎にした行動は，度の合わない眼鏡をかけているようなものだ。つまり，何もかもがぼやけ，実際の世界を理解することがほとんどできない。絶壁の近くで，それに気づかずによろけている人を見ていることは，やはりとても恐ろしいことだ。

核兵器に関しては，警告として強い主張ができる。事実に関心を向けるために，より極端な主張もできるだろう。私たちは実際の証拠によって支持されない理論や憶測には常に疑いの目を向けるべきだ。たとえそれらの理論が私たちの耳に快く安心感を与えるものだとしても，心地良い幻想に身を委ねたままでいることは，華々しい新説が発表される度に，従来の立場を捨ててそれに飛び

---

*17　2014年末時点で約1万6000発と推定される。

つこうとすることと同様に危険なものである。事実は重要であり，核兵器という極めて危険な領域では，事実を知ってどんなに不快に感じようとも，事実を真剣に受け止めることによってのみ，本当の意味で慎重に問題に対処することができるのである。

5つの神話

　（核兵器国における）核兵器に対する通説的意見の多くは「現実主義」に基づいている。現実主義は事実をあるがままにとらえ，世界は本来現状よりも良いはずだと信じようという感情的な主張を否定する。現実主義者たちの見解では，核兵器は現存する最も強力な兵器であり，国際関係で中心的な役割を果たすものだ。一撃で1つの都市を破壊する能力は今までに例のない規模での報復能力を国家に与え，それは同時に核抑止をほとんど疑うことなく効果的なものにした。広島と長崎へ投下した最初の原爆の成功と，それに続く冷戦時代に核兵器が中心的な役割を果たしたことで，核兵器は，それを取り巻く特殊な畏怖心という「オーラ」を身にまとうことになった。このオーラはその影響力を増大させ，政治力に欠かせないものの一部となった。核兵器の巨大な報復能力を目の当たりにして，核保有国を脅かすような攻撃はほとんど考えられないものとなった。それゆえ核兵器を保有することは，国家の生き残りを保証する確実な手段とみなされるようになった。言い換えれば，核兵器は究極の保険なのである。

　核兵器賛成派の見解では，核兵器は絶対必要な兵器である。それは国際秩序を下から支え，第二次世界大戦のような大規模戦争が繰り返されることを防いでいる。彼らの見解では，核兵器のない世界を考えることは素晴らしいことではあるが，国際政治を動かす原理や，そして人類そのものの行動原理において根本的な変化がなければ，実際にそこに到達する可能性はまずあり得ないというものだ。

　核兵器賛成派の前提は理論的には妥当である。現実主義というものはいくらか受け入れがたい欠陥があるが，一般的には妥当な政策を打ち立てる常識的な

アプローチだ。核兵器賛成派の見解が問題なのは，彼らの思考の枠組みではなく，彼らの命題の基礎となる事実なのだ。

　私たちは「神話」という言葉を日々の会話の中で漫然と使っている。時には，「神話」を厳密な人類学的な意味で，つまり，信仰を形作り，構築した文化に埋め込まれた物語として，使うこともある。また，時としてそれを事実とは違う出来事に対する軽蔑語として使う。時にはこれら２つのおよそ中間の意味となる。私はこの本でその言葉を同じように漫然と使っている。ここでの神話は，すべてが「世界の終わり」の神話というわけではなく，すべてが象徴的な物語というわけでもない。あるものは誤りや思い違いであり，あるものは誤解である。歴史学者ジェフリー・ブレイニーは言った。「国家が現実をうまく切り抜ける工程は複雑だ」と。[21] しかしそれぞれの神話あるいは誤りは，私たちが核兵器に対して抱いている主要な誤解と関連している。

　私の計画は，核兵器の物語の中の４つの出来事——衝撃，飛躍，危機，そして平和——のそれぞれを再考し，証拠をもう一度調べ，一般的な解釈が事実ときっちり合致するものかどうかを確かめることである。私たちは広島への原爆投下と，そこから生まれた，核兵器の使用は，敵を降伏に追い込むほどの衝撃を与える驚くべき威力を発揮するという信念から再検討したい。その次に，戦争を遂行するには市民の大量殺戮が効果的な方法であるという考え——水素爆弾が開発された時に起きたパワーの飛躍的発達から核の専門家が引き出した教訓——に取り掛かる。そして冷戦の危機——とりわけキューバのミサイル危機——を考える。なぜなら，キューバ危機を含む冷戦時代の経験から，人々は，核抑止は国の政治指導者が，武力攻撃に踏み切ることを抑えるのに力強くて頼りになる手段だという結論に達したからだ。第４の出来事——長い平和——がその次に来る。これは核兵器が65年以上も私たちを守り続けてきたという主張の根拠となっている歴史的な経験である。最後に，特定の歴史的な出来事から直接導き出されたわけではないが，他の４つから生まれてきた考え——特に，私たちには核兵器を保持する以外の選択肢はないという考え——を検討する。

　これらの核兵器に関する４つの考え方の背景となっている歴史的な経験を見直すことで，私はそれらの核兵器に関する考え方を再検討しようと思う。そこ

序論

には驚くほど大きな問題があることがわかる。ある場合には，事実が一般的に信じられていたことと明らかに逆である。他の場合には，結論が事実とは矛盾しないが，それを裏づける根拠ともならないことが明らかになる。どの場合でも核兵器に関する一般的な定説と実際の事実との間には明確な問題が存在する。

　この本は核兵器に関する従来の考え方に挑戦する。この本は核兵器に関する根本的な問題に対して疑問を投げかける。あなたはここで提起された異議のすべてに同意することはないだろう。それは不思議ではない。人々は，それが根本的な選択に関する再検討を迫るような問題提起の場合，なかなか完全には同意しようとしないものであり，ましてそれが伝統的な考えに挑戦するような場合は言うまでもない。しかし核兵器に対する考え方にはこれまで見過ごされてきた問題，それも重要な問題があるということだけは，この本を読むことでしっかりと認識して欲しいと考えている。それらの考えについて何らかの再検討や再考が必要だということを感じて欲しい。

　人々は，核兵器に関する合理的な政策を見つけようとしてきたが，過去65年にわたって核兵器に関する議論にほとんど実質的な進展が無かったことで，落胆した。私たちが核兵器の問題を死ぬほど話しても埒が明かないというのが一般的な認識だろう。しかし悲観する必要はない。事実は，本質的な議論，核兵器に関する政策に変化をもたらすために必要な議論は，まだされていないということだ。私たちは核兵器に対する現実的な議論をまだ始めてもいなかったのだ。私たちは背筋が寒くなるような恐怖や軍事的な問題について話をしてきたし，神話のような物語をたくさん語ってきた。怒りを交えて道義と人類の生存について叫んできた。しかし実際の問題――核兵器の有用性――を綿密に，あるいは客観的に検証してこなかった。それは胸を躍らせ，興味をそそり，そしておそらく前途有望でさえある。注意深く再検討すれば，核兵器について思想家たちが過去に抱いていたものとは，まったく異なった角度から，まったく異なった結論を引き出す余地はまだ十分に残されている。

　この本は，人間のあるべき道義的な姿勢や，人類が戦争を繰り返してきたという歴史に基づいた，見せかけの現実主義ではなく，実用的な問題に重点を置

いた議論を始めることを試みる。神話は脇において，自分たちのアイデンティティについては核兵器ではない別の話題に譲り，核兵器については現実的に評価しなくてはならない。核兵器は実用的で，有益で，効果的だろうか。もしそうなら核兵器を持ち続けなければならない。核兵器はさほど有益でなく非常に危険なのだろうか。その時は核兵器に対するアプローチを安全で合理的なものに変えてゆかなければならない。

いまや冷戦は終結し，核兵器の恐怖と絶滅の幻影にひたすら怯えながらではなく，冷静に議論をするべき時となった。核兵器の実際的な議論を始めよう。冷静で詳細な調査に基づき，偏見を持たず，不愉快な真実にも向かい合う勇気を前提とした議論を，である。

1) Harrington de Santana, "The Strategy of Non-Proliferation," p. 4.
2) Gaddis, "The Long Peace".
3) Dingman, "Atomic Diplomacy," p. 54.
4) George and Smoke, *Deterrence*, p. 135. いくらか異なる結論については，Betts, *Nuclear Blackmail*, pp. 22-31を参照。
5) Dingman, "Atomic Diplomacy," pp. 54-55.
6) おそらくこのことは，Daniel Kahneman が *Thinking, Fast and Slow*（New York: Farrar, Straus and Giroux, 2011）の中で記している，体験している自己と想起する自己との差に関係している。
7) 一般書としては Gottschall, *Storytelling Animal* を参照。
8) 何人かの最も著名な学者たちは神話を無学な人々が語るホラ話でしかないとして相手にしなかった。影響力の強い神話に関する学術書の1つ，*The Golden Bough* を記した Sir James George Frazer でさえ，この過ちを犯していた。Lambek, *Reader in the Anthropology of Religion*, pp. 79-81の Ludwig Wittgenstein, "Remarks on Frazer's *Golden Bough*" を参照。
9) Clark, *Greatest Power on Earth*, p. 199.
10) Jungk, *Brighter Than a Thousands Suns*, p. 201（ロベルト・ユンク著，菊森英夫訳『千の太陽よりも明るく：原爆を造った科学者たち』 平凡社）．
11) これは原書からは明らかに，かなり問題のある翻訳だった；Ramana, "Bomb of the Blue God."
12) 「世界の終末」としての戦争の概念は，それを広げるインターネットがなかったことを考えると驚くほど口コミで広がった考え方となった。そのアナロジー（比喩）は米国から世界中へと迅速に伝わり，それが届いたそれぞれの場所で受け入れられて，核戦争を

記述する標準的な方法にたやすくなった。例えば，ここに1980年代になされた Eric Chivian 博士，核紛争の意味を学校で教えるべきだと主張するハーバード大学の心理学の教授，とミンスク（当時はソ連の，今はベラルーシの）の14歳の Alla との間の会話がある。

 Alla: もしどこかでそんな爆発が起きたらとてつもなく広大な範囲に原子の粒子がばらまかれ，何もかもが破壊されるだろう。地球は荒れ地に変わるだろう。
 Chivian: 動物もいなくなるのかね？
 Alla: いなくなる。
 Chivian: 植物も？
 Alla: もちろんいなくなる。すべてが病気にかかるんだ。
 Chivian: 世界中で？
 Alla: そうだよ。

Eric Chivian, John Mack, and J. Waletzky, *What Soviet Children Are Saying About Nuclear Weapons* (Boston: International Physicians for the Prevention of Nuclear War Inc., 1983) より。このビデオは全国メディアで広く放映され，とりわけ ABC の *Nightline*, PBS の *MacNeil/Lehrer Report*, そして NBC の *Today* が放映した。また Eric Chivian et al., "American and Soviet Teenagers' Concerns About Nuclear War and the Future," *New England Journal of Medicine* 319, no. 7 (1988): pp. 407-13を参照。

13) 例えば次のスーラ81を参照。

 太陽が輝きを失うとき，
 星々が墜ちるとき，
 山々が動き出すとき，
 …
 天が剥ぎ取られるとき，
 地獄が燃え上がるとき，
 天国が近づくとき，
 そのとき魂は何が生まれたかを知るだろう。

The Koran Interpreted, 訳者 A. J. Arberry (New York: Touchstone Books, 1955), p. 326.

14) ゾロアスター教については，Pearson, *Brief History*, 20-23頁を参照；北欧サーガについては同書の pp. 100-103を参照。
15) 同書，pp. 90-91.
16) 同書，pp. 129-36. Pearson はさらに，他の世界滅亡の動向をたくさん取り上げている。
17) 長期にわたる核戦争は全く意味のない可能性ではない。例えば，Brodie, *Strategy in the Middle Age*, pp. 160-64を参照。そこで彼は「broken-backed」戦争の可能性について議論している。これは両者が最初の段階で，それぞれが相手に侵攻し，あるいは敵国を降伏させるに十分な戦力を維持できないほどの打撃を与えたもので，どちらも紛争をやめるほど完全には破壊されない状態にとどまる戦争である。「1860～1914年にかなり広

く行き渡った。戦争が機械化されることで長期戦争は不可能になるという希望はかなわなかった。その希望は1945年、日本の都市に最初の核爆弾が落とされた時に復活したが、これまでかなうことはなかった。たとえ2つの主要な核兵器国が戦争を始めたとしても、それぞれの陣営に連なる同盟国がおそらく全面戦争にしてしまうだろう。そして現在の研究からは、全面戦争が短期間に終わる可能性は高くないとされている。たとえ全面戦争が核攻撃で始まったとしても、短期間に終わる可能性は高くない。全面戦争が1カ月、破滅的な1カ月で終わる可能性はあるかもしれないが、それが数年続く可能性の方が高いように思える。」Blainey, *Causes of War*, p. 227. あるいは、彼がp. 225で簡潔に述べているように「全面戦争は長期戦争になりがちだ。」

18) 「核抑止の概念の発展は行き詰まってしまう……2つの見解は、水爆の時代の幕開けから形而上学から抜け出せないのだが、いまや琥珀に閉じこめられているかのように見える」Bobbitt, *Democracy and Deterrence*, p. 3.

19) ルメイは1945年夏に、日本への情け容赦ない爆撃を行った空軍部隊の好戦的で悪びれない司令官だった。彼は後に統合参謀本部で最も強い核兵器擁護者の1人となった。LeMay and Kantor, *Mission with LeMay*.

20) Ludwig Wittgenstein, *Vermischte Bemerkungen*。Bobbitt, *Democracy and Deterrence*, vi 頁に引用されている。

21) Blainey, *Causes of War*, p. 55.

神話 1

原爆こそが日本降伏の理由

　心理兵器，彼はそう呼んだ。上品で背が高く，控えめな男，ヘンリー・L・スティムソン。核兵器が持つ意味とその重要性について，米国政府が初めての公式声明を発表するのに，彼はうってつけの人物だった。戦争が終わって2年経っても，広島と長崎への核兵器使用についての疑問が米国民の間でくすぶっていた。それらは必要だったのか。その新兵器は米国の安全にいかなる意味を持ったのか。それらは人類の運命を予見したのだろうか。スティムソンはすでに引退していたが，戦時中はワシントンにおいて，原爆製造計画の最高責任者であった。だから，その使用の正当性を国民に再認識させられるような，尊敬を受けている人物の人選を米国政府当局が進めた時，スティムソンを選んだのは自然の成り行きだった。1947年2月にスティムソンの署名でハーパーズ誌に掲載された論文は，その後60年間の核兵器についての考え方を形作るものだった。

　原爆使用は正しかった。スティムソンは，その兵器は破壊力がすさまじいだけでなく，敵を降伏に追い込む衝撃を与えるような独創的な能力があったと述べた。「私たちは革命的な特徴を持つ兵器を開発した。敵に対して使用したことによって，まさに私たちが期待したような衝撃を日本の少数独裁体制に与えた……原爆は単なる恐ろしい破壊兵器ではない。それは心理兵器だった」と。[1]

　それは理にかなっていた。通常爆弾でいくつもの都市を破壊してもドイツを降伏させられなかったのに，核兵器で2つの都市を破壊したら，日本の指導者たちが降伏に追い込まれたのだ。再びスティムソンの論文を引用しよう。

広島は8月6日に，長崎は8月9日に，それぞれ爆撃された。この2つの都市は，日本の戦争遂行における中枢であった。1つは陸軍の，もう1つは海軍と工業の中心だった。広島は日本南部の陸軍守備隊の本拠地であり，主要な軍事備蓄地かつ集結地点でもあった。長崎は主要港であり，戦時中に非常に重要であった大工場群を抱えていた。私たちは，日本の陸軍と海軍両方の軍事指導者にとって重要だった都市を攻撃，破壊し，その結果が表れるのを1日待った。[2]

　スティムソンがこれを書いてからというもの，核兵器の心理的な影響力はその巨大な破壊力と同様に，あるいは，それ以上に重要だという考えが，国際関係における根本的な教義となっていった。国防総省の軍人や政府の専門家らの議会証言でそれは何度も何度も繰り返され，研究者の論文や政治討論にも登場し，日々の言説の一環になった。[3] 核兵器には恐怖を呼び起こす特殊な能力がある。この特殊な心理的影響力への依存が，今の世界秩序の核心となっている。結局のところ，核抑止とは核兵器が恐怖を呼び起こす力に基づいており，中国，ロシア，米国といった世界を牽引する国々は安全保障を核抑止に依存している。そして，欧州諸国や日本，韓国，その他の多くの国々も，核抑止力の傘をさしかけてくれる核保有の同盟国に依存しているのである。

　広島は，核兵器の決定的な第一印象を与えた。その心理的衝撃を証明した。もし核兵器が宗教だとしたら，広島は最初の奇跡だろう。明らかに絶望的な状況だったにもかかわらず，日本の指導者らはかたくなに降伏を拒否していた。それが突然，奇跡のように，核兵器によって降伏させられたのだから。

　この例は，核兵器の効果の基準だけでなく，ほかの軍事力との比較も可能にした。米国とその同盟国は，日本に対してあらゆる軍事力を用いた。潜水艦による海上封鎖によって日本経済は崩壊し，食糧不足が露呈していた。しかし，日本を降伏させるのには不十分だった。日本海軍は次々と壊滅的な敗北を喫し，太平洋に展開する米軍は全く抵抗されることなく，いつでも日本本土に攻め込むことができたが，日本を降伏させることはできなかった。米軍の地上部隊は多くの犠牲を出しながらも，戦争の初期段階で日本に征服された島々の多くを奪い返したが，日本を降伏させられなかった。米陸軍航空隊は5カ月間にわたって，日本の多くの都市を爆撃したが，それでも日本を降伏させられな

かった。原爆で広島と長崎を破壊して初めて，日本の指導者らは「もうたくさんだ」として降伏の決断をしたのである。よって，核兵器は，通常爆弾による都市爆撃や経済封鎖や一連の軍事的敗北よりも，あるいは，これら3つを合わせたよりも効果的だという結論を引き出す人がいるかもしれない。目を見張るような効果的な軍事手段だ，と。

これは非常に説得力がある。60年以上にわたって，ここで起きたことは事実として確信を持って語られてきた。このエピソードから引き出された教訓は，ある種の信念として固められてきた。それにもかかわらず，問題があるのだ。過去20年にわたって，日本やロシア，そして米国の文書から，新しい詳細な証拠が徐々に見つかった。その多くは，伝統的な物語とはまったく矛盾してしまうのである。

この証拠は，起きた出来事についての別の見方を示し，事実に合うような，あるいはよりふさわしい，新しい解釈をもたらしている。詳しく見れば見るほど，従来の解釈ではうまく説明できないと感じることになる。上は昭和天皇（裕仁）から下のほとんどすべての日本政府当局者まで，原爆投下によって降伏を強いられたと述べてきたが，こうした前提とは矛盾するような行動や会合日時，日記の記述があるのだ。

修正主義者

こうした伝統的な説明にまつわる問題は，1965年に歴史家ガー・アルペロヴィッツが持ち出してから激しい論争のタネになってきた，広島をめぐる修正主義者の考え方とは何ら関係がない。日本の指導者らは降伏しようとしていたから原爆投下は不要だったとアルペロヴィッツは主張した。戦争に勝つために原爆投下が不要だったのなら，広島と長崎への原爆投下は明らかに誤りだったということになる。アルペロヴィッツがこうした主張をしてから数十年間，多くの人々がこの論争に加わった。原爆投下を非難する人もいれば，それは道徳的で必要なもので多くの命を救ったのだと熱く語る人もおり，激しく深い感情を伴う議論となったのである。原爆投下50周年の1995年には，スミソニアン航

空宇宙博物館が原爆投下について批判的な見解を含む展示を企画し，（連邦議会議員も巻き込んでの）怒りに満ちた国民的論争に火をつけた[5]。

　だが，それは，珍しいことだ。ほぼ半世紀にもわたって米国民の関心を集めることが，一体どれだけあるだろうか。しかし，核兵器のことは，あまり教えてくれはしない。もちろん議論には出てくるのだが，論争は別のことについてなのだ。実際には，米国の性質についての論争なのである。米国が広島と長崎に原爆を投下したのは誤りだったのか，米国は道徳的に正しかったのか，といったことについての論争なのである。この論争の終点は「結果として，核兵器は効果があった（あるいは，なかった）」ではない。修正主義者の主張は「だから原爆投下は不要で，結果として誤りだった」である。広島についての修正主義者の意見は，米国の道徳的立場についての考えだからこそ，人々にとって重大な関心事となる。

　しかしながら，この論争はここでは関係がない。米国が正しかったか間違っていたか，ハリー・トルーマン大統領が何を知っていて，なぜ原爆投下を承認したのか，天皇制存続を認めていたら日本の降伏が早まったのか，原爆使用についての科学者らの疑問はなぜ無視されたのか，生命は救われたのか，通常兵器の爆撃などでも日本は降伏したのかどうか，といったようなあらゆることは，的を射ていない。

　ここで問題となる唯一の問いは，新型の，より破壊力のある爆弾の広島と長崎への投下によって日本は降伏を強いられたのかどうかである。つまり，原爆は効いたのかということだ。詰まるところ，これは実践的考察である。道徳的問題を無視するのは冷酷だと思われるかもしれない。誰もが自分の国に誇りを持ちたいし，米国の核兵器使用の是非は米国人に大きな影響を与えるだろう。しかし，核兵器の効果の問題は，後世にわたり，地球上の何億もの人々に影響を与えるのだ[6]。

　この章では，広島・長崎原爆投下について純粋に実践的なアプローチをとりたい。その問いは，核兵器は効いたのかどうか。原爆投下の正当性やトルーマンの認識といった半世紀続く論争は，この議論の枠外にある。

神話1　原爆こそが日本降伏の理由

伝統的解釈

　伝統的な物語はこうだ。8月6日，米国は広島に核爆弾を投下し，街を破壊した。この知らせは首都・東京に届くまでに時間がかかった（通信手段のほとんどは破壊されており，これは完全に新しい現象でもあった）。しかし，まもなくそのことを知らされた天皇は，大きく心を揺さぶられる。一方，米国では，トルーマン大統領が報道声明で原爆を使用した（それから核兵器と呼ばれた）と発表し，日本が降伏しなければ日本の都市に「破壊の雨」をもたらすと威嚇する。何事もなく3日間が過ぎ，8月9日に日本の指導者らは降伏について話し合うために集まる。降伏する条件について終日議論し，状況は絶望的であったが，軍部は敗北を認めるのをかたくなに拒否。その日の午前遅くに長崎にも核兵器が投下されたとの知らせを受けても，膠着状態が続く。ようやく深夜になって，天皇も参加する特別会合が招集され，彼は軍部に対してその爆弾を理由に降伏するよう告げる。そして，天皇はラジオ放送で日本の降伏を発表し，米国が発明した恐ろしい新兵器によって日本が敗北したと説明する。米国では，日本への侵攻作戦が長く血塗られたものになるだろうと予期していた人々が，信じられないといった感情や感謝，喜びでそのニュースを聞いた。その爆弾は奇跡とみなされ，「勝利の兵器」と呼ばれた。
　これが，65年以上にわたってほとんどの歴史家たちによって語られてきた出来事の説明である[7]。
　この説明から人々が引き出した教訓は，核兵器の軍事的，心理的な影響力は絶大であるということだ。一瞬にして街全体がことごとく破壊されたことが決定的だった。通常爆弾による都市爆撃ではドイツも日本も（あるいは英国も他の国々もそうだったが）降伏させることができなかったが，核兵器による爆撃は明らかに異なっていた。広島の物語が示すのは，これはすべて伝統的な出来事の説明においてだが，核兵器が国家に衝撃を与え威圧する能力は桁外れだということだ。
　広島・長崎への原爆投下についてのこうした一般的な見解は，広く教えら

れ，信じられている。この歴史見解への支持は根強い。しかし，このように語るには，主に4つの問題点がある。そして，これらを合わせると，日本の降伏についての伝統的な説明の信頼性が著しく損なわれる。それはおそらく，事実が詳しく調べられることがほとんどなかったということを示しているように思われる。

タイミング

伝統的解釈の1番目の問題点は，タイミングである。そして，それは，深刻な問題を突きつける。伝統的解釈は単純な年表のようなものだった。8月6日に米陸軍航空隊が核兵器で広島を爆撃し，3日後に別の核兵器で長崎を爆撃，その翌日に日本は降伏の意向を示す[8]。米国の新聞が「太平洋の平和，我々の爆弾がもたらす[9]」と見出しにうたっても，誰も文句はつけられまい。

ほとんどの米国人歴史家によって語られる広島の物語は，原爆投下の日，8月6日がクライマックスである。すべての説明要素が，その瞬間に向かっている。原爆製造の決定やロスアラモスでの秘密研究，最初の印象的な核実験はすべて，広島での最高潮につながっていく。言い換えれば，それは，爆弾についての物語だ。しかし，爆弾についての物語の文脈では，日本が降伏することを決定したことを客観的に分析できない。爆弾の物語にしている時点で，爆弾の役割が中心だとみなしていることになるからだ。

日本側から見れば，戦争で最も重要な日は，8月6日ではなく8月9日である。それは，最高戦争指導会議が開かれ，無条件降伏について初めて議論した日だ。最高戦争指導会議は，日本政府首脳6人からなる組織で，1945年時点の日本を実質的に統治していた。日本の指導者たちはその日まで，降伏について真剣に考えてはいなかった。無条件降伏（連合国側が要求）は，厄介事であった。欧州では米国と英国がすでに戦犯法廷を開いていた。もし，日本国民から「神」と信じられていた天皇を裁判にかける決定をしたらどうなるのか。他の国々が，天皇を取り除いて日本政府の形を完全に変えたらどうなるのか。1945年夏の状況は厳しかったが，日本の指導者らは自分たちの伝統や信念，生活様

神話 1　原爆こそが日本降伏の理由

式をあきらめようとはしなかった。8月9日までは。なぜ突然，決定的に気が変わったのだろうか。14年間の戦争において初めて，降伏について真剣に議論することにしたのはなぜなのか。

　長崎のせいではなかっただろう。9日午前の遅い時間[*1]に長崎に原爆が投下された時，すでに最高戦争指導会議は降伏についての議論を始めていた。長崎が動機になって集まったわけではなかったのだ。

　広島への原爆投下も，降伏の理由とは言えないだろう。会議の74時間前，丸3日以上前に起きている。解き明かすのに3日もかかる危機などあるだろうか。危機の特徴とは，大惨事が差し迫ったとの感覚と，今，行動しなければならないという圧倒的な思いである。日本の指導者たちが広島で危機が起きたと感じていたとしたら，その問題について3日も話し合いの場を持たずにおくことなどできるだろうか。

　1962年10月16日午前8時45分ごろ，ジョン・F・ケネディ米大統領がベッドに座って朝刊を読んでいた時，マクジョージ・バンディ米大統領特別補佐官（国家安全保障担当）が入ってきて，ソ連がキューバに核ミサイルを秘密裏に設置したと知らせた。それから2時間45分以内に特別委員会が設置され，委員を選んで招集し，ホワイトハウスの閣議室の机を囲んでいた。

　1950年6月24日，北朝鮮が38度線を越えて韓国に軍を送りこんだ時，ハリー・トルーマン米大統領はミズーリ州インディペンデンスで休暇中だったが，アチソン米国務長官はすぐにトルーマンに電話して，そのニュースを知らせた。24時間以内にトルーマンは米国の半分の距離を飛んで（ホワイトハウスが当時，改装中だったので）ブレアハウスに着席し，軍事・政治顧問らと対応を協議していた。

　米国の南北戦争時，北部諸州のポトマック軍指揮官でリンカーン大統領の腹心だったジョージ・ブリントン・マクレランでさえ，悲しげに「後れを取った」と言った。南部の将軍ロバート・E・リーによるメリーランド侵攻の指示書を入手してから12時間しか経っていなかったのに，である。

---

*1　11時02分。

どの国の指導者であれ、危機を招くような緊急の知らせには反応した。断固として、ただちに行動したのだ。日本の指導者らの行動は、どう当てはめられようか。もし広島への原爆投下が、14年間も戦争をしてきた日本に降伏を迫るような危機を実際に招いたのだとしたら、なぜ話し合いの席に着くまでに3日もかかるのだろうか[10]。

遅れたのは当然だとの主張もあるかもしれない。おそらく、その爆撃の重要性を理解するのに時間がかかったのだ、と。おそらく、当初はそれが核兵器だと気がつかず、その恐ろしい効果を理解して初めて、降伏するしかないとの結論に自然に至ったのだ、と。残念ながら、この説明は証拠と合わない。

3つの事実が問題となる。まず、広島の知事は原爆投下のその日のうちに、人口の約3分の1が殺され、街の3分の2が破壊されたと東京（日本政府）に報告している。この情報は、その後の数日間、変わることがなかった。従って、爆撃の結果は当初から明らかだったのだ。日本の指導者らは、広島原爆投下の結果をその日からおおよそ知っていたが、行動を起こさなかったのだ。

第2に、日本軍の調査団による広島の詳細な暫定報告書は、8月10日まで政府に届かなかった。言い換えると、降伏の決定がなされる前に、それは政府当局者に届かなかったのだ[11]。口頭による（軍への）報告は8日にあったが、原爆投下の詳細については、さらに2日後までつまびらかにならなかった。つまり、降伏の決定は、広島で起きたことの恐ろしさをよく理解してなされたわけではなかった。

第3に、日本の軍部は、少なくとも、核兵器がいかなるものかを、おおよそ理解していた。日本には核兵器開発計画があった。核兵器が広島を破壊した、と日記に記した軍人もいた。阿南惟幾陸相は8月7日夜、日本の核兵器開発計画の責任者との話し合いに行っている[12]。日本の指導者らは核兵器について知らなかったという考え方はとり得ない[13]。

最後に、タイミングについての別の事実は、特に問題を突きつけるのだ。広島への原爆投下2日後の8月8日、東郷茂徳外相は鈴木貫太郎首相と会い、広島への原爆投下について話し合うための最高戦争指導会議（首相、外相、陸相、海相、陸軍参謀総長、海軍軍令部総長の6人で構成）を開くよう求めた。1つの都

神話1　原爆こそが日本降伏の理由

市が1発の兵器で破壊された事実を考えると，東郷はおそらく，この会議で議論されるべき重要性を持つ出来事だと主張したのだろう。鈴木は会議のメンバーらにこれを諮ったが，集まって議論することができなかった[14]。8月9日になるまで，危機ははじけなかったのである。最高戦争指導会議はその開催前日にも広島の原爆投下についての会合を開くことを検討したが，開催しなかった[15]。日本の指導者らが広島への原爆投下に衝撃を受けて行動したという従来の説明と合わない。8日に広島原爆について議論する会合の開催を検討したが，それほど重要ではないとして開催しない決定をした後，その翌日に突然，降伏について議論する会合の開催を決定したというのが事実なのだ。彼らはみな一種の集団統合失調症にかかってしまったのだろうか。いや，別の出来事が降伏について話し合うための真の動機となったのである。

タイミングだけで見ると，広島への原爆投下は日本が降伏を強いられた出来事とは思われない。しかし，8月の第2週には，タイミングがぴったりと合う出来事があった。8月8日の真夜中（9日午前），ソ連が日本に宣戦布告し，日本が支配してきた中国（満州）やサハリン南部などへの侵攻を開始した[16]。このニュースが東京に届いた6時間後，最高戦争指導会議が開かれ，無条件降伏について議論した。明らかに，ソ連侵攻は日本にとっての危機を生み出し，広島への原爆投下はそうではなかったのである[17]。

規　　模

米国側の見方では，原爆投下が戦争で最も重要な出来事ではなかったとは想像しにくい。米国は原爆開発に20億ドル以上（1940年代のドル換算）を費やし，巨大な工場が建設され，このプロジェクトのための秘密の場所に全米から最も優秀な科学者数百人が送り込まれた（出所不明のこんな話がある。ある時，原爆開発プロジェクトを再検討するため，連邦議員が最も優秀な物理学者を呼ぶよう求めたところ，無理だと言われた。なぜかと聞くと，最も優秀な物理学者は全員，その任務についているからだ，と）。米国側の見方では，原爆は明らかに重要で，大きな衝撃があったはずだと見るのは自然なことである。

しかし，日本側の見方では，原爆投下とその他の出来事を区別するのはそれほど簡単ではなかったかもしれない。暴風雨のさなかに，雨の1滴を識別するのは難しいものだ。
　1945年の夏，米陸軍航空隊は，世界史上最も激しい都市への戦略爆撃を実施した。日本の68都市が攻撃され，そのすべての都市が一部あるいは完全に破壊された。推定170万人が家を失い，30万人が殺され，75万人が負傷した。66都市に通常爆弾，2つの都市には原爆が使われた。通常爆弾攻撃による破壊はすさまじかった。夏の間中，連夜にわたり，都市が焼かれた。この一連の破壊行為の最中に，個別の攻撃がさほど注目されなかったとしても当然だろう。たとえそれが，注目すべき新兵器で行われたとしても。
　マリアナ諸島から飛び立ったB29爆撃機は，標的の場所や攻撃高度にもよるが，約7～10トンの間の重量の爆弾を搭載できた。典型的な爆撃任務は爆撃機500機編成で実施された。すなわち，1つの都市への通常爆撃では4～5キロトンの爆弾が投下されたことになる。[18]（1キロトンは1千トンで，核兵器の爆発エネルギーの基準単位。広島原爆は16キロトン，長崎原爆は20キロトン[19]）。多くの爆弾で均等に破壊（結果として，より効果的に）したのと，1発のより威力のある爆弾が爆発の最中に大半の威力を無駄にしてしまうことを考えると，いくつかの都市への通常爆撃は，2発の原爆による破壊に匹敵するとも言えよう。
　米国の日本の都市への最初の通常爆撃である1945年3月9～10日夜の東京大空襲は，戦争史上，1つの都市への最も破壊的な攻撃であり続けている。約41平方キロの都市が焼け，（米国戦略爆撃調査団によると）推定12万人の日本人が死亡した。これは，1つの都市への爆撃で最も多い犠牲者数である。[20]
　その恐ろしさが強調されるために，広島への原爆投下が都市への最もひどい攻撃だったと想像しがちで，犠牲者数については眼中からなくなってしまったのだ。1945年夏に爆撃されたすべての都市の1都市あたりの犠牲者数をグラフに落とせば，広島の民間人死者数は2番目である。[21] 1平方キロあたりにすると，広島は6番目。破壊された都市の面積の割合では，広島は17番目。広島への攻撃は，その夏に実施された通常攻撃の（被害の）範疇に入ってしまうのである。[22]

神話1　原爆こそが日本降伏の理由

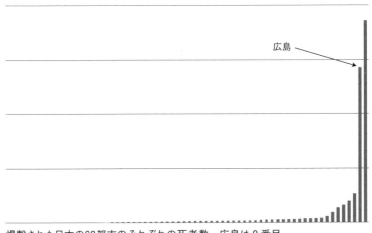

爆撃された日本の68都市のそれぞれの死者数。広島は2番目

　米国側の見方では，広島は断トツだ。しかし，日本の指導者の立場になれば，広島への攻撃に至るまでの3週間は，まったく違ったものになる。7月下旬から8月上旬にかけて，日本政府の要人の1人だったとしたら，都市爆撃の経験は次のようなものになっただろう。7月17日，大分，平塚，沼津，桑名の4つの都市が夜間に攻撃されたという知らせを受ける。このうち，大分と平塚はそれぞれ街の50％以上，桑名は75％以上，沼津はさらにひどく90％が焼け落ちた。

　3日後の朝，目覚めると，さらに3つの都市が攻撃されていた。福井は街の80％以上が破壊された。1週間後，さらに3つの都市が夜間に攻撃された。2日後，さらに6つの都市が一晩のうちに攻撃され，そのうち一宮は75％が破壊された。8月2日，職場に着くと，さらに4つの都市が攻撃されたとの知らせを受ける。そのうち，富山は99.5％，ほぼ市全体が破壊された。4日後（8月5日），さらに4つの都市が攻撃された。8月6日，広島だけが攻撃されたが，報告によると被害は甚大で新型爆弾が使われたという。数週間にわたって都市破壊が続いている中で，この新たな攻撃がどれほど目立つものだろうか。

　広島への原爆投下に先立つ3週間に，26の都市が米陸軍航空隊の攻撃を受け

35

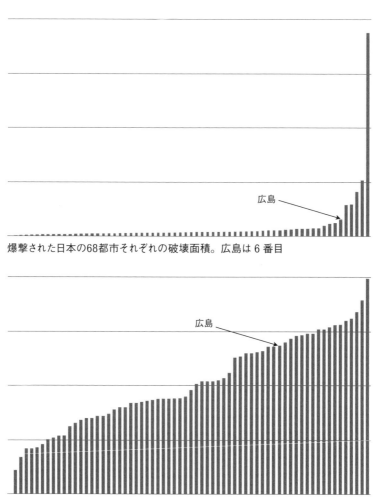

爆撃された日本の68都市それぞれの破壊面積。広島は6番目

爆撃された日本の68都市それぞれの破壊割合。広島は17番目

た。この3分の1ほどの8つの都市は広島と同等か，より大きな被害を受けた（破壊された割合において）。1945年夏に日本の68都市が破壊された事実は，広島への原爆投下を日本降伏の理由にしようとする人々にとって，難題を突きつけている。もし，1つの都市の破壊が日本人を降伏に追い込んだのなら，なぜ他

神話1　原爆こそが日本降伏の理由

写真1　すべての区画が破壊された

の66都市のどれかが破壊された時にそうしなかったのか。

　その夏の一連の破壊行為の中で、日本人にとって広島がさほど目立たなかったかもしれない理由は、簡単である[23]。次の都市破壊を撮影した6枚の写真を見れば、爆撃の被害がいかにひどいものであるかがわかるだろう。そして、核兵器による被害と通常兵器による被害を区別するのが難しいことにも気づくかもしれない。あなたが通常兵器と核兵器の被害を明確に区別できないのに、当時の日本の指導者らにそれが可能だっただろうか。

　核戦略の権威ベルナール・ブロディは核攻撃について、こう記した。「(核攻撃が日本の)降伏の協議に大きな影響を与えなかったとは信じがたい。だが、協議においてはほとんど触れられていない」[24]。ただ、日本の指導者らが広島への原爆投下とその前の通常爆撃を区別できなかったというのは事実ではないだろう。彼らは区別していたはずだ。(広島原爆の)爆発は珍しい閃光を伴っていたことに気づいていただろうし[25]、広島の上空で目撃された爆撃機は1、2幾だけだったので、その破壊は爆弾1発か数発だけによる結果だともわかっていた

37

写真2　高層ビルのいくつかは残った

写真3　孤立した建物群だけが残っている

神話1　原爆こそが日本降伏の理由

写真4　伝統的な日本家屋はとりわけ火災にもろかった

写真5　いくつかの都市はまるで月の表面のようになった

写真6 これらの写真はすべて，甚大な被害をあらわしている。しかし，1枚目と2枚目（広島で撮影）と4枚目の写真（長崎で撮影）だけが核兵器による影響を示し，残りの3つは東京，大阪，東京（順に）で撮影された通常爆撃による結果をあらわしている

写真提供：以上，米国立公文書館と Records Administration

だろう。[26)] 東京大空襲という重要な例外はあるものの，広島の犠牲者数は他のどの都市への爆撃よりも多かった。（原爆には）明らかに違いはあるのだ。だが，そうした違いが，日本の指導者らに影響を与えたかどうかはわからない。

もし日本の指導者らが，広島・長崎への原爆投下によって降伏したのであれば，都市爆撃について彼らが気にしていて，そのことが降伏への圧力となったという証拠が見つかりそうなものであるが，そのようには見えない。東京大空襲から2日後，幣原喜重郎元外相[*2]は，当時の日本の政府高官らに広く共有されていた感情を吐露し，「国民は日々の爆撃に徐々に慣れるだろう。団結や決意

---

*2 戦前はリベラル派の外交官，外務大臣として対米英協調路線を推進し，戦後は総理大臣として新憲法の制定に深く関わった。

はより強まることだろう」と述べている。彼は友人への手紙で、市民らが苦難に耐えることが重要なのは、「たとえ数十万人もの非戦闘員が死傷したり飢えたりし、数百万の建物が壊されたり焼かれたりしても」、外交のためのさらなる時間が必要だからだと述べた[27]。幣原が穏健派だったことは、記憶しておくべきだろう。

日本政府の最高決定機関の最高戦争指導会議においても、その態度はまったく同じであった。会議で、ソ連が中立を維持することの重要性は議論されたが、都市爆撃の衝撃についての本格的な議論はなかった[28]。保存されている議事録によると、都市爆撃についてはほとんど記載されていない。1945年5月に1回だけ触れているのと、8月9日夜のさまざまな議論の中での1回の、計2回だけである[29]。証拠に基づけば、戦争遂行にまつわるさまざまな影響力のある事柄に比べて、都市爆撃が日本の指導者らに大きな影響を与えたと言うのは難しい。阿南大将は8月13日、原爆投下は、日本が数カ月にわたって耐えてきた爆撃の脅威と変わらないと述べた[30]。広島・長崎への核攻撃が他の都市への爆撃と価値が変わらず、日本の指導者らが都市への攻撃を深く議論するに値しないと思っていたなら、広島・長崎の破壊によって彼らを降伏に追い込むことなどできるだろうか。

反　　応

最初の反応こそが、最も真実を物語るものだ。年月が経つと、正当化、説明、合理化、言い訳といったことによって、話が変わりがちである。日本の指導者らが広島に原爆が落とされてから2日以内に、すなわちソ連が参戦する前に言ったりしたりしたことが、彼らが核兵器を警戒も恐れもしていなかった有力な証拠となる。

例えば、河辺虎四郎陸軍中将は、原爆が広島を破壊したと知って「刺激」を受けたと日記に書いた（彼は「衝撃」という言葉すら使わず、「刺激」という言葉を用いている）。日本を降伏に追い込んだはずの出来事が「刺激」にすぎないとは、妙なことである[31]。

さらに驚かされるのが，彼が日記に書いた次の文言である。私たちは「断固として戦い続け」なければならない。その翌日に降伏しそうな人間だとは思えない。もちろん，河辺は日本の為政者らの中で最も戦意の高い１人だったので，核攻撃におびえなかったのは当然だろう[32]。ただ，彼は，他の人間たちが心配していたとも記していないのだ。

　宇垣纏海軍中将も同様である。８月７日の日記に，「（広島への爆弾は）明らかにウラン型原爆である。実に驚くべきことで，戦争の雲行きがさらに厳しくなった。対抗手段を即座に考えねばならない。我々も同じ爆弾を造れればいいのだが」と書いた[33]。宇垣の反応は感嘆と嫉妬が入り交じっている。日本も爆弾を造れればいいと願っている。そして，彼の感情は驚くほど穏やかである。彼の判断は，結果は「より厳しくなる」であって，もはや降伏するしかない，などとは言っていないのだ。

　中でも，最も説得力があるのは，８月８日に米内光政海軍大将と高木惣吉海軍少将との会話で，これは高木の日記に記録されている[34]。ここに再現するには長すぎるのだが，日本のトップにあった２人の心理状態を知る有力な手がかりとなる（米内は，あの最高戦争指導会議のメンバーだった）。会話を読むと，彼らは危機を感じていなかったとの印象を受ける。米内と高木は困難のさなかにあるような話をしているが，まだ手を打つ時間があると信じている。高木は実際に，米軍が攻め込んでくるまでの時間については心配しすぎるべきではない，とまで言っている。高木が言うには，日本が直面する「真の問題」は，一般国民の戦意が落ちていることだった。日本が直面する真の問題が新型爆弾による攻撃だという意識は，彼の脳裏をかすめなかったようだ。

　この会話の中で原爆が言及されたのは，本当に少しだけだった，というのは妙なことだ。原爆が会話の中心ではないことなんて，あり得るだろうか。高木が原爆のことに触れた時，米内はコメの配給を持ち出してそれに応じている。米内がコメの配給（食糧不足によって暴動が起きる可能性）の方が広島への原爆投下よりも深刻な問題だと信じていたというのは，誇張ではない。

　彼らが何をどう話したかに注目すべきである。彼らは，誰が影響力を持っているかを推し量り，できるだけ早く戦争を終結させるために誰と組めそうか，

神話1　原爆こそが日本降伏の理由

誰が誰と話すべきか，ソ連指導者のヨシフ・スターリンがいつ何をしそうで，次に打つ手は何か，といったことを議論しているのだ。ふざけたり，鈴木首相をネタに冗談を飛ばしたりもしている。すべて終わりだ，とは言っていない。何らかの決定を下すよう迫られるとしても，それは，まだ先のことなのだ。[35]

広島への原爆投下に対する日本の指導者らの反応が奇妙なほど抑制的である一方で，ソ連の参戦に対する反応はまったく異なっていた。8月9日早朝，迫水久常内閣書記官長は叩き起こされ，ソ連が満州に侵攻したと告げられた。その時，彼は怒りのあまり，「まるですべての血が逆流したかのようだった」[36]。彼は，時間や場所，そして正確にそれをどう感じたのかを覚えていた。激しい感情に見舞われていたのだ。広島への原爆投下の衝撃についての感情の記録が，戦後に見つからないのとは非常に対照的である。

言動よりも行動はさらに雄弁である。ソ連が満州に侵攻した朝，日本国内への戒厳令の準備が命じられ，その施行に向けた準備が始まった。[37] 広島に原爆が落とされた3日前には，そのような命令は出なかった。ソ連参戦の朝，陸軍参謀次長の河辺は陸軍内部の会合を開き，軍事独裁体制の可能性について討議している。[38] 広島への原爆投下後には，そのような緊急会合が開かれることも，思い切った手段を打ち出すこともなかった。最高戦争指導会議は広島への原爆投下については開かれなかったが，ソ連の宣戦布告を知ってから6時間以内に開かれ，降伏について議論しているのだ。[39] 高官らの言動や行動によれば，明らかにソ連の参戦が危機の要因であり，広島への原爆投下はそうでなかった。

戦略的重要性

日本人が一般的に都市爆撃を気にかけていなかった，とりわけ広島への原爆投下に関心がなかったとすれば，彼らは一体何を気にしていたのか。答えは簡単だ。ソ連である。1945年の夏，日本人のすべての目はモスクワに向けられていたのだ。

日本は難しい戦略的状況に置かれていた。戦争終結が近づき，ひどい敗戦になりそうだった。条件はどんどん悪くなっていたが，陸軍はなお強力で装備も

充実していた。400万人近くが武装し，うち120万人が日本本土防衛にあたっていた。

　日本政府内強硬派のほとんども戦争の継続が不可能なことはわかっていた。問題は戦争を続けるかどうかではなく，いかに良い条件で戦争を終わりにするかであった。連合国（米国，英国など。ソ連はこの時点では中立だった）は日本に対して無条件降伏を要求していた。日本の指導者たちは戦犯法廷を避けたかったし，既存の政府の体制を維持したかった。そして，朝鮮，ベトナム，ビルマ，マレーシアとインドネシアの一部，中国東部の大部分，太平洋の多数の島々といった征服した領土のいくらかを保持したいと考えていた。

　よりよい降伏条件として2つのプランがあった。言い換えると，2つの戦略的オプションがあった。1つ目は外交的なものである。日本は1941年4月，ソ連との間で5年間の中立協定を結び，1946年に失効することになっていた。東郷茂徳外相率いるグループは，米国・連合国と日本の間をスターリンが調停してくれることを望んでいた。このプランは賭けではあったが，十分な戦略的思考を反映していた。解決条件が米国に寄り過ぎないものであることはソ連の利益になるだろうし，アジアでの米国の影響力と力の拡大はソ連の力と影響力の縮小につながるからだ。

　2つ目のプランは軍事的なもので，阿南惟幾陸相ら軍人が中心になって提案した。米軍が侵攻すれば，日本帝国陸軍の地上部隊が米軍に大損害を与えるというものだ。もしそれがうまくいけば，米国側からよりよい条件を引き出せると軍人らは考えたのだった。この戦略もばくちのようなものであった。米国は，日本が無条件降伏するように深く関与していた。ただ，米軍内には侵攻すればひどい犠牲が出ることへの懸念が実際にあり，日本の軍部の戦略はあながち的外れではなかった。

　日本降伏の要因は広島への原爆投下だったのか，それともソ連の宣戦布告と侵攻だったのか。これを決める方法は，この2つの出来事が戦略状況に与えた影響を比較することである。広島への原爆投下後の8月8日には，両方の選択肢が依然として生きていた。スターリンに調停を求めることもできたし（高木の8月8日の日記によると，少なくとも日本の指導者の中にはスターリンに関与させよ

神話1　原爆こそが日本降伏の理由

うと考える者がいた），最終決戦まで戦って米軍に多大な犠牲を出させようとすることもできただろう。広島の破壊は，日本の海岸に展開する部隊の臨戦態勢を損ねることはなかった。日本にはもう爆撃されていない都市などほとんどなかったが，まだ軍は立てこもっており，弾薬もあった。軍事力は重要な意味においては弱まっていなかった。広島への原爆投下は，日本の戦略的オプションのいずれも閉ざすことはなかったのである。

　しかしながら，ソ連の宣戦布告と満州やサハリンへの侵攻は全く違っていた。ソ連が宣戦布告したことで，スターリンはもはや調停者ではなく，交戦相手となった。ソ連の行動によって，日本の外交オプションは消えた。軍事情勢への影響も劇的であった。日本の精鋭部隊は日本南部に展開していた。米軍は九州から侵攻してくるだろうと日本軍は正確に予測していたので，部隊を徐々に九州に移していた。かつて日本が誇った満州の関東軍は，日本本土を守るべく引きはがされて，抜け殻となっていた。満州で，かつての精鋭部隊の間をソ連軍が水を切るように侵攻し，部隊が止まったのはガス欠の時だけだった。10万人規模のソ連第16陸軍はサハリン南部への侵攻を始めた。彼らの指令は，そこで抵抗する日本人を掃討し，10日から14日以内に，北海道に侵攻する準備をすることだった。北海道防衛にあたっていた日本軍の2個師団と2個旅団から成る陸軍第5方面軍は人員不足で，北海道の東側を固めていた。ソ連の攻撃計画は，北海道の西側から侵攻しようとしていた。

　軍事の天才の見解を借りるまでもなく，大国の1つを相手に決戦を戦うのは可能かもしれないが，2方向から攻めてくる2つの大国を相手に戦うことは不可能だった。ソ連の侵攻は，日本の外交戦略と同様に，日本軍による決戦戦略をも不可能にしたのである。一撃で，すべての日本のオプションは消えてしまった。ソ連の参戦は戦略的に決定的だった（日本の両方のオプションを不可能にした）のに対して，広島への原爆投下（どちらのオプションも妨げなかった）はそうではなかった。

　ソ連の宣戦布告は，日本にどれだけ駆け引きする時間が残されているかの計算も狂わせた。日本側が持っていた情報によると，米軍はあと数カ月侵攻しないと読んでいたが，ソ連軍は早ければ10日で日本にやってくる。ソ連の侵攻に

よって，日本は戦争終結の決定を限られた時間でする必要に迫られた。日本側の見方では，ソ連の介入が決定的だったのだ。

　そして，日本の指導者たちは，すでにこの結論に達していた。1945年6月の最高戦争指導会議で，ソ連の参戦は「大日本帝国の運命を決するだろう」と述べられている。河辺陸軍参謀次長はこの会議で，「戦争遂行のために，ソ連との関係において，完全なる平和の維持が必須だ」と語った。[41]

　日本の指導者らは都市をめちゃくちゃにする爆撃には関心を示さなかった。1945年3月に爆撃が始まった時は，そうではなかったかもしれないが，広島が攻撃された時にはまさに小屋の戸を閉めるには遅すぎる状態で，馬はとっくの昔に逃げてしまっていた。トルーマンは有名な声明で，日本が降伏しなければ日本の都市に「破壊の雨」をもたらすと威嚇したが，破壊する都市がほとんど残っていなかったことを米国内で知っている人はほとんどいなかった。8月7日までに，人口10万人以上の都市で爆撃されていなかったのは10だけで，[42] 8月9日に長崎が攻撃されたことで，残りは9つとなった。そのうち3つは北海道にあり，米軍機が駐留したテニアン島から攻撃するには遠すぎた。[43] 日本の古都・京都は，その宗教的，象徴的な重要性に鑑みて，ヘンリー・スティムソン陸軍長官によって攻撃目標から外されていた。トルーマンの威嚇のおどろおどろしい響きとは裏腹に，長崎への原爆投下後には，原爆を落とせるような大きな都市は5つしかなかったのだ。

　もちろん，すでに通常爆弾で攻撃された都市を再び爆撃することもできただろう。ただ，これらの都市は平均して街の50％がすでに破壊されていた。あるいは，米国はより小さな日本の都市を爆撃することもできただろう。しかし，米陸軍航空隊による一連の爆撃は徹底していたので，（人口3万～10万人の）より小さな都市も6つしか残っておらず，そのうち3つは攻撃射程圏外であった。[44] すでに日本の68都市で大きな爆撃被害を受け，そのほとんどで壊滅的な打撃を受けていたことを考えれば，さらなる爆撃をすると脅されても日本の指導者らが何も感じなかったとしても当然だろう。それは，戦略的な説得力がないのである。

　広島への原爆投下によって日本が降伏したと主張する核兵器支持者らは，難

題に直面することになる。なぜ日本の指導者らは戦略的に決定的ではない出来事に突き動かされたのか。そして，もし，広島への原爆投下が降伏につながったと主張するならば，なぜ日本の指導者らは戦略的に決定的であるソ連の参戦を無視したのか。彼らは何を考えていたのか。

　広島の伝統的解釈を真実にするためには，日本の指導者らが自分たちの責務を知らなかったことにしなければならない。彼らの仕事は，何が日本にとって影響があるのかを理解し，戦争の結果や日本の長期的な健全性や安全に影響する戦略についての決定を下すことである。恐ろしい行為にぞっとしたり，民間人へのあわれみなどの感情で揺れ動いたりするのではなく，日本の状況の戦略的要素に重きを置いて，それに応じて対応することである。[45] 広島は決定的ではなかったが，ソ連の宣戦布告と差し迫った侵攻は決定的だった。日本の指導者らが前者を深刻にとらえ，後者を無視することなどできただろうか。

心地良い物語

　考えとは，それが真実であれは持続する。また残念ながら，それが（真実でなくても）心地よいものであれば持続する。重要な心的欲求が満たされるからである。前述した強力な4つの反論があっても，伝統的解釈が，特に米国では多くの人々の考え方に根づいている。事実を見つめることに，実際に抵抗がある。広島原爆についての伝統的解釈が日米双方にとって，いかに心地が良かったかを思えば，当然だろう。例えば，終戦時に，日本の指導者らは広島の伝統的解釈によって，数々の政治的目的を国内外で実現できたのである。

　天皇の立場に立ってみよう。国を悲惨な戦争に導き，経済は破綻。都市の8割は爆撃され，焼かれた。軍は非難され，次々と敗北を喫した。食糧不足に陥りつつある。戦争は大惨事であり，さらに悪いことには，事態がどれだけ悪いかについて国民に嘘をついてきた。降伏の知らせに国民はショックを受けるだろう。大失敗を認めるのか。計算違いで失敗を繰り返し，国に多大な被害を与えたとの声明を出すのか。それとも，誰も予期しなかった素晴らしい科学的成果による損害を非難するのか。敗戦を原爆のせいにして，すべての失敗や判断

の誤りを隠してしまう。原爆は，敗戦についての完璧な説明となる。責任の負担や軍人への追及も不要だ。日本の指導者らは，自分たちは最善を尽くしたと主張できた[46]。日本の指導者らへの非難を，原爆がそらしたのである。

日本の敗戦を原爆のせいにすることは，そのほかの3つの具体的な政治的目的に役だった。まず，天皇の正統性を保てた。失敗ではなく，敵の予想外の奇跡的な兵器のために戦争に敗れたのであれば，日本国内で天皇制維持の支持が得られたのかもしれない。

第2に，国際的な同情を集めた。日本は侵略戦争をして征服した土地の人々に対して，残虐な行為をした。こうしたふるまいは，他国から非難されるところであった。(原爆によって)日本は自らを被害国だと仕立て直し，残虐で恐ろしい戦争の道具で不公平に爆撃された国とすることで，日本軍が行ってきた不道徳な行為を相殺できたのだ。原爆に関心を集めることで，日本に同情を集め，厳しい処罰要求をそらした。

最後に，原爆が(米国に)勝利をもたらしたと日本が言うことが，日本にいた勝利者である米国人を喜ばせた。米軍の日本駐留は公式には1952年まで続き，その間，米国は日本社会を都合良く変えたり，再構築したりする力を持っていた。占領初期は，日本当局者の多くが，米国は日本の天皇制を廃止しようとしているのではないかと心配していた。また，多くの日本政府高官らは自分たちが戦犯法廷の裁きにかけられるかもしれないとの心配もしていた(日本降伏時，ドイツ指導者らの戦犯法廷はすでに開かれていた)。日本の歴史学者，麻田貞雄は戦後のインタビューでこう語っている。「日本の当局者らは…明らかに，どうやって米国人の尋問者らを喜ばせようかと思案していた[47]」。米国人らが原爆によって勝ったと信じたがっているのなら，そうさせておかないわけがあろうか。

原爆によって戦争が終わったとすることで，日本にさまざまな利益があったのだが，米国にも利益をもたらしたのである。原爆が勝利をもたらしたのなら，米国の軍事力の認識は広まり，アジアや世界における米国の外交の影響力も高まり，米国の安全保障は強化されるだろう。原爆開発に費やした20億ドルは無駄ではなかったことになる。しかし，ソ連の参戦が日本の降伏の要因で，

神話1　原爆こそが日本降伏の理由

米国が4年間できなかったことをソ連は4日で成し遂げたと主張したら，ソ連の軍事力への認識や外交の影響力は拡大されただろう。原爆によって米国が勝ったと日本がおだてることは，米国の利益にもかなうのである。ソ連の行動が日本の降伏決定に影響を与えたことを否定するのは，まもなく米国人の愛国心の問題となった。米ソ冷戦が始まると，ソ連の参戦が決定要因だったと認めることは，敵に塩を贈るようなものであった。1950年代や60年代に，米国でそういう指摘をする人がほとんどいなかったのもうなずける。[48]

　日本の降伏を透徹した目で見ることができないのは，すべての人にかかわるさまざまなことが絡んでいるからである。感情が損なわれるし，国家意識ももてあそばれる。神話は私たちをぬるま湯につからせておき，長所に淡い光を当て，欠点を隠す。事実は，厳しく客観的な光を投げかけるだけだ。しかし，核戦争の危険が迫っている時に，好ましい作り話を醜い現実より優先するのは，愚かであろう。

隠　　蔽

　それでは，天皇やすべての日本政府高官らが嘘をついていたのだろうか。日本が降伏した理由について，大きな陰謀があったのだろうか。

　一般論として，広汎な陰謀は難しいだろう。すべての人に周知しつづけるのが非常に難しいからである。ベンジャミン・フランクリンの言う通り，「3人の秘密は守られる。そのうち2人が死ねば」だ。しかし，この件では，日本社会の順応性の高さや明治体制の正当性を維持しようとする強い意志が，団結維持の難しさをいくらか埋め合わせたのかもしれない。「私たちの爆弾が勝利をもたらした」と信じる米国人の熱意も，この物語を維持するのに役立ったのかもしれない。

　過去20年にわたり，学者らは，戦後にもたらされた説に疑問を呈してきた。例えば，日本の歴史学者，波多野澄雄は，トップ指導者らの声明や回顧録，伝記には「信頼できる記述」がほとんどないという。天皇の伝記を書いてピュリツァー賞を受賞したハーバート・ビックスは，天皇を守り，戦時中の決定に天

皇がかかわったことをぼかすために，戦後の記述はかなり書きかえられたと主張した。歴史家リチャード・フランクもこれに同意し，(内大臣として天皇の側近にあった) 木戸幸一の(日記の)記述に疑問を投げかけている[50]。

記録を詳細に調べると，隠蔽の疑惑が裏づけられる。米内光政海相は即時降伏を強く主張しており，軍人としては珍しいことに，市民の不安が暴動につながることを懸念していた。これは1945年8月12日，降伏を申し出たもののまだ合意されていない段階で，米内が部下の高木少将に語ったことである。

> 言葉遣いは不適切かもしれないが，原爆とソ連の参戦は，ある意味，天佑(天の加護)だと思う。これで我々は，国内事情で戦争をやめたと言わずに済む。私が危機管理をずっと訴えてきたのは，敵の攻撃への恐れからでもなければ，原爆やソ連の参戦のためでもない。国内事情への心配からなのである。今や国内事情をつまびらかにすることなく，事態を管理できるのは幸運なことである[51]。

驚くべきことに，彼らが降伏した真の理由を隠せると米内は見ていた。敗戦への非難を真の理由とは別のことにできるのは「神からの贈り物」だと安堵しているのである。米内による，日本にとってなぜ降伏が必須なのかの理由の分析は，それが少数意見であったとしても，日本の指導者らが述べた降伏理由を額面通りに受け取るべきではないとの警鐘になる。

米内の証言は間接証拠である。木戸幸一のものは，さらにあけすけだ。木戸は内大臣として天皇の側近の1人だった。彼は戦後，原爆が軍に降伏受け入れを促したのは，その戦略的重要性ではなく気持ちを動かしたのだ，と述べている。「精神力の不足や戦略的失敗ではなく科学力で負けたと軍の指導者らが納得できれば，いくらかは面目を保てた」[52]。歴史家ハーバート・ビックスによると，迫水久常内閣書記官長は，降伏に向けて影で中心となって動いた若手グループの1人だったが，戦後の米国側の尋問に対してこう説明している。

> 戦争終結の機会が来た。軍も生産者もほかのだれも批判する必要がなく，ただ原爆を批判すればいい。良い言い訳で，原爆は日本を救う神風だった，とい

神話1　原爆こそが日本降伏の理由

う人もいた。[53]

のちに出版された「降伏についての真実」で，彼はさらに明確に語った。

　　原爆は，日本が戦争を終わりにするために天から与えられた絶好の機会だった。日本軍は負けていないという人たちがいた。日本は科学で負けたのであって，降伏によって軍は恥じ入る必要はない。…戦争終結において，敗戦の責任を軍ではなく，原爆のみに負わせるという考えだ。これは賢い口実だった。[54]

日本政府のキープレイヤーの1人が，原爆投下は降伏を強いる大きな出来事ではなく軍の面目を保つための賢い口実，と述べているのは驚きである。[55]原爆の物語が人々の同情を集め，軍の恥をやわらげるための隠蔽にすぎなかったと重要人物らが言う時，原爆が降伏の原因だったと真剣に主張する人は，これをどう受け止めるのだろうか。

結　論

　ここに挙げた問題点によれば，広島・長崎への原爆投下こそが，核兵器についてほとんどの人々が知っていることの核心であると考えるのは無理がある。この出来事は，核兵器の重要性にとっての根本となっている。その独自の地位にとって極めて重要なことであり，一般論は核兵器には適用されないとの観念になっている。核による威嚇の重要な基準であり，トルーマンが日本に「破壊の雨」をもたらすと脅したのは，初めての明確な核による威嚇であった。それが，この兵器を取り巻く巨大な力の「オーラ」のカギであり，国際関係において非常に重要なゆえんである。
　しかし，広島をめぐる伝統的な物語に疑いが生じたら，そうしたすべての結論をどうすればいいのだろうか。広島原爆はすべての核心であり，その他の主張や説はそこから広がっている。それでも，伝統的な物語は事実にうまくつながっていないように思われる。日本の突然の降伏という奇跡，この大きな最初の成果が神話だったとしたら，核兵器についてどう考えたらいいのだろうか。

51

1) Stimson, "Decision to Use," p. 105.
2) 同書。
3) 例えば、トーマス・シェリングは最近、核兵器について「勝利をおどしとることのできる兵器」と記述した。Schelling, "World Without Nuclear Weapons?," p. 126.
4) Alperovitz, *Atomic Diplomacy*.
5) スミソニアンの展示を支持する一般的見解は、Martin Harwit, *An Exhibit Denied: Lobbying the History of the Enola Gay* (New York: Springer-Verlag, 1996).（マーティン・ハーウィット『拒絶された原爆展——歴史のなかの「エノラ・ゲイ」』(山岡清二監訳、みすず書房、1997)), and Michael J. Hogan, "The *Enola Gay* Controversy: History, Memory, and the Politics of Presentation," in Hogan, *Hiroshima in History and Memory*. 展示への批判は、Robert P. Newman, "*Enola Gay* at Air and Space: Anonymity, Hypocrisy, Ignorance," in Maddox, *Hiroshima in History,* pp. 171-89.
6) 記録として記すが、米国は根本的に良い国だと私は信じるようになった。すべての国が間違いを犯す。米国もそうだが、私は米国民であることを誇りに思う。
7) ロシアの歴史家は例外。日本降伏の原因は、8月9日のロシア（ソ連）の宣戦布告だったと学生たちに教えている。
8) 日本の降伏決定に原爆が重要な役割を果たしたとする伝統的解釈については、Butow, *Japan's Decision*（ロバート・J. C. ビュートー著、大井篤訳 『終戦外史：無条件降伏までの経緯』 時事通信社）；Giovannitti and Freed, *Decision to Drop*（L. ギオワニティ／F. フリード著、堀江芳孝訳 『世紀の黒い霧：原爆投下への道程』 原書房）；Feis, *Atomic Bomb and the End of World War II*（ハーバート・ファイス著、佐藤栄一・山本武彦他共訳 『原爆と第二次世界大戦の終結』 南窓社）；Sigal, *Fighting to a Finish;* Maddox, *Weapons for Victory;* Walker, *Prompt and Utter Destruction*（J. サミュエル・ウォーカー著、林義勝監訳 『原爆投下とトルーマン』 彩流社）；Newman, *Enola Gay;* と Bernstein, "Atomic Bombings Reconsidered" を参照。ソ連の侵攻により日本が降伏したとの最初の指摘は、May, "United States, the Soviet Union." を参照。
9) *Seattle Post-Intelligencer,* August 15, 1945.
10) 日本の降伏の決定が遅れたのは理解できると主張する研究者らは、日本政府はこの夏を通し、断固として行動することに失敗し、また優柔不断な天皇はすばやく決断するのが難しかっただけだとする歴史家らの評価を引き合いに出す。例えば、Drea, *Service of the Emperor,* p. 215は、天皇を「用心深く、ぐずぐずする人」としている。しかし、8月14日に米国がチラシを日本に投下し、日本政府と連合国の間で降伏についての秘密交渉が行われていることが公になると、そのチラシを見てから「数分以内に」木戸が天皇と面会し、その後まもなく鈴木も合流した。彼らは連合国側の文言を受け入れることで合意し、最高戦争指導会議の開始時刻を午後1時から午前11時に前倒しした。このように、天皇とその顧問らは危機において迅速に対応できた。Frank, *Downfall,* pp. 313-14 と Morgan, *Compellence,* pp. 213-14を参照。
11) Asada, "Shock of the Atomic Bomb," p. 506. Jungk, *Brighter Than a Thousand Suns,*

神話1　原爆こそが日本降伏の理由

p. 214によると、8月10日時点で調査団はまだ広島にいたという。
12) Hasegawa, *Racing the Enemy*, p. 184（長谷川毅『暗闘：スターリン、トルーマンと日本降伏　上・下』中央公論新社）。
13) 陸軍参謀次長の河辺虎四郎も、広島を破壊した兵器は核兵器だったかもしれないと疑っていた。Asada, "Shock of the Atomic Bomb," pp. 505-6を参照。作戦部長の宮崎も8月6日の日記に「いわゆる原爆かもしれない」と記している。同書、p. 505に引用。
14) 最高戦争指導会議は出来事にすばやく対応して開かれた。例えば、連合国がポツダム宣言を出し、1945年7月27日午前6時にその文言が東京に届くと、その日のうちに会議が開かれた。最高戦争指導会議は出来事に対応するために、直前の通告で開くことができた。Kirby, *War Against Japan*, p. 205を参照。広島について対応するために8月7日に会合があったとの記述がたくさんあるが、そうした会合は開かれなかった。外相だった東郷の戦後の証言によると、7日の会合は爆撃に直接関わる大臣らによる臨時閣議で、陸相、海相、内相、運輸相が集まった。Kort, *Columbia Guide to Hiroshima*, p. 388を参照。モーガンと麻田は、9日の最高戦争指導会議は8日に東郷が要望したと見ている。Morgan, *Compellence*, p. 207, と Asada, "Shock of the Atomic Bomb," p. 488を参照。しかし、8日に合意された会議が遅れて9日に開かれたということは、証拠で裏づけられてはいない。米内は高木に9日の会議はビルマ撤退についてだろうと述べている（1945年8月8日水曜日の高木惣吉の日記。Burr, "Atomic Bomb," doc.55に引用）。
15) 東郷は広島について協議する拡大閣議（当時すでに重要ではなかった）の招集もできなかったと言われている。彼は7日に「主要閣僚」による緊急会議を開いたが、陸軍の抵抗により、彼が提案した全閣僚による閣議を開けなかった。Asada, "Shock of the Atomic Bomb" と Kort, *Columbia Guide*, p. 388を参照。
16) 長谷川の *Racing the Enemy* について、H-Diplo（外交や世界史について議論するネットワーク）の討論で、歴史家リチャード・フランクは、日本の指導者らはソ連の侵攻を重視していなかったと主張した。日本はすでに満州を失っていたし、ソ連は上陸用舟艇が不足していたので、日本本土侵攻の可能性はソ連軍の見た目ほどの脅威ではなかったとの理由だ。これは重要な点を見逃している。日本は満州については気にしていなかった。サハリン島南部を占領した第16ソ連軍は、サハリンでの任務が完了すれば、できる限り早く日本本土侵攻の準備をするよう命じられていた。上陸用舟艇の不足を挙げるフランクの致命的な見落としは、ソ連軍はサハリン島の一部や千島列島全島の攻撃に上陸用舟艇を用いていた事実である。ソ連は明らかに北海道に侵攻できるだけの上陸用舟艇を保有していた。サハリン島と北海道を隔てる海峡は34キロの幅しかない。ほとんどどんな船でもソ連軍兵士を運べたであろう。北海道を防衛する日本軍（第5方面軍）は兵員不足で、北海道の東岸に立てこもっていた。ソ連軍は西側から侵攻する計画を立てていた。さらに、米国は、ソ連に必要な戦略物資を供給していた。日本側がソ連の上陸用舟艇の数を正確に把握して（それは疑わしいが）、そのことに確信を持っていたとしても、米国が友軍（ソ連）に必要な侵攻用舟艇を供給すると、日本の指導者らは警戒したはずだ。Thomas Maddux, ed., "H-Diplo Roundtable, *Racing the Enemy*, Roundtable Edi-

tor's Introduction," http://www.h-net.org/~diplo/roundtables/PDF/Maddux+Hasegawa Roundtable.pdf.

17) 原爆投下が果たした役割に疑問を呈し，ソ連の役割を重視する新たな研究については，Dower, *Japan in War and Peace;* Pape, "Why Japan Surrendered"; Drea, *Service of the Emperor;* Asada, "Shock of the Atomic Bomb"; Frank, *Downfall;* Bix, *Hirohito*（ハーバート・ビックス著，吉田裕監修，岡部牧夫・川島高峰・永井均訳 『昭和天皇 上・下』講談社）; Morgan, *Compellence;* と Hasegawa, *Racing the Enemy* を参照。すばらしく，綿密な議論は，Maddux, "H-Diplo Roundtable" も参照。また最近の学識についての極めて詳細かつ有益な要約および多数の一次資料が，Burr, "The Atomic Bomb" に収録されている。

18) Frank, *Downfall*, p. 253.

19) 広島原爆の威力は当初12.5キロトンと推定され，その後，上方修正された。John S. Malik, *The Yields of Hiroshima and Nagsaki Nuclear Explosions*（Los Alamos, NM: Los Alamos National Laboratory, 1985）を参照。

20) 反核兵器を訴える人々は，米戦略爆撃調査団による犠牲者数を広島の犠牲者数とすることに疑問を呈するかもしれない。もちろん，広島で殺された人数については論争がある。あらゆる大惨事には，被害の程度や死者数についての論争がある。1945年8月6日以来，広島で亡くなったと報告される人の数は徐々に増えてきた。今では，30万人以上という人もいる。これは，事実に基づくと，不合理である。米の配給券が市の全住民と他地域から疎開してきた人々に配られていたが，8月第1週には33万人分であった。これを知る立場にあった当時の広島市長は，東京の日本政府当局者に，（原爆の）攻撃によって市の人口の3分の1が殺されたと報告している。これは，戦略爆撃調査団の数字とほぼ同じである。もちろん，数字はもっと大きかったはずだと信じられるかもしれない理由もあり，中にはもっともらしいものもある。賢明で創造力のある人々がかかわると，あれこれするのに必ずもっともらしい理由があるところが問題なのである。過去に戻って死者を数え直すわけにはいかない。私の見解はこうだ。後に，殺された人数を増やすのに納得のいく理由が見つかるかもしれないが，それによって歴史的事実を変えることは許されない。新しい，説得力のある証拠が出てくれば，それまで報告されていた人数をそれに合わせようとするかもしれない。しかし，こうした新しく，よりよい証拠は見つかっていない。広島で報告されている死者数を増やすことに懐疑的になる別の理由もある。歴史的に重要で感情を揺さぶられる出来事の死者数は，時間が経つにつれて増える。これは，歴史家にはおなじみの現象である。時とともに，大惨事の犠牲者数は膨らみがちである。これは，簡単に計測でき，数量化が可能な現実である。時には，大惨事の最初の犠牲者数の報告が，何らかの理由で間違うこともある。当局に死者数を少なくしたいという動機があることもある。だが，もっと多くの人が死んでいるはずだとして死者数を増やすのは，歴史ではない。広島での殺戮は十分に恐ろしいもので，誇張する必要はない（広島の犠牲者数については，Frank, *Downfall*, pp. 285-87を参照）。広島の死者が少なく数えられているのは，放射能による死者を数えていないからだとの主

張もある。広島・長崎のせいで放射能障害の症状が出たと認めたがらない人が多いため，医者はそういう患者を放射能障害で死亡したとは報告しないため，死者数は極めて少なくなる。これは本当かもしれないが，日本の降伏についての議論には何ら影響を与えてこなかった。放射能の影響で亡くなった人のほとんどは，降伏が実際に起きたずっと後になって亡くなっているからである。

21) 広島と通常爆撃を比較するのは不適当と思われるかもしれない。原爆による犠牲者数の方が多いからである。だが，軍には日本国民を救うことができないことを示すために，米陸軍航空隊は標的とした都市のいくつかに事前に数百万枚のビラをまいた。これにより，そうしなかった場合に通常爆撃で出たであろう犠牲者数よりも，はるかに少なくて済んだのである。Bix, *Hirohito*, p. 495を参照。日本はまた，民間人への空襲警報の効果的な仕組みを作った。そうでなければ，通常爆撃でも二度の核攻撃と同じくらいの犠牲者を出していたかもしれない。3月9，10日の東京の夜間空襲はおびただしい犠牲者を出し，通常爆撃の威力を見せつけた。

22) これらの数字のデータは，*United States Strategic Bombing Survey*, vol. 9 (New York: Garland, 1976), pp. 42-43より抜粋。

23) 実際，核攻撃と通常兵器による大規模攻撃を日本人が区別できるかどうかという問題は，米国の計画立案段階の議論で浮上した。原爆製造をめざす科学者を率いたロバート・オッペンハイマーは「核攻撃の視覚的効果はすさまじいだろう。1万～2万フィートの高さのまばゆい閃光を伴うだろう」と答えた。彼はさらに続けて，原爆の威力は2千から2万トンのTNT火薬に匹敵し，周囲の3分の2マイルにいる人々が放射能で殺されるとした。核兵器について述べた，しばしば予言のような観点からの言葉を読んでいただきたい。オッペンハイマーの回答は，興味深く保たれている。Frank, *Downfall*, p. 256に引用。

24) Brodie, *Strategy in the Missile Age*, p. 140.

25) 日本の当局者は当初，米国側が新兵器を爆発させる前にマグネシウムを空中にまき，目撃者らが口にした非常にまぶしい閃光をもたらしたのではと推測した。同書，p. 270.

26) 爆弾投下機のそばに，写真撮影用の爆撃機もいた。

27) Bix, *Hirohito*, pp. 491-92.

28) Asada, "Shock of the Atomic Bomb," p. 504.

29) 歴史家リチャード・フランクはこう指摘した。「6首脳のメンバーによる戦略爆撃についての書面による記録は，鈴木の証言と，5月に別の言及があるのみだというのは驚くべきことだ」（6首脳は，最高戦争指導会議の別名）Frank, *Downfall*, p. 294. 豊田提督の戦後のインタビュー証言を見てみよう。「(問い) 降伏の検討につながったこれらの会議で，日本への空襲にどのような価値が置かれたのか？ 戦争終結を検討した際，それをどのように評価したのか？」「(答え) 空襲については，個別の問題としてメンバーの脳裏にまったく浮かびませんでした。爆撃が1日延びようが，戦争をやめなくてはならないという考えはなかったのです」

30) Morgan, *Compellence*, p. 216に引用。

31) Hasegawa, *Racing the Enemy*, p. 200に引用。
32) 例えば，1936年夏，河辺はモスクワの日本大使館員として，ソ連との戦争を呼びかける長い電文を数本送った。この考えは日本の統治者らの間で一定程度広がったが，彼の呼びかけは極めて声高で闘争的だった。
33) Kort, *Columbia Guide*, p. 319.
34) 1945年8月8日水曜日の高木惣吉の日記。Burr, "The Atomic Bomb" に引用。
35) この2人を見れば，当時の統治者らの間で何が起きていたのかがわかる。米内は最高戦争指導会議におり，高木は米内の秘書官を務める提督だった。高木はまた，日本の降伏を秘密裏に進める若手の政府高官の1人でもあった。Bix, "Japan's Delayed Surrender," Hogan, *Hiroshima in History and Memory*, p. 108参照。
36) Hasegawa, *Racing the Enemy*, p. 197.
37) Frank, *Downfall*, p. 289. Kort, *Columbia Guide*, p. 318も参照。
38) Hasegawa, *Racing the Enemy*, pp. 200-201. Kort, *Columbia Guide*, p. 311も参照。
39) 日本政府のさまざまな部門は，特にそれが悪いニュースの場合，いつでも情報を知ることができたわけではなかった。結果として，政府の各部門はばらばらの時間に侵攻に気づいた。軍は午前4時の攻撃後すぐに知ったが，政治家らは外務省がラジオ放送で聞いたのを受けて初めてそのことを知った。Frank, *Downfall*, p. 288参照。
40) 面白いことに，外交，軍事の両方のアプローチとも，日本の歴史的経験に基づいていた。歴史家は一般的に，1904-1905年の日露戦争の経験が，第二次世界大戦における日本の作戦や態度の多くの面について道を開いたと信じている。日露戦争は，未完に終わった一連の陸上での戦闘で多くの人命が失われた後に，対馬海峡での海戦で日本が劇的な勝利を収めたことで，ロシアが終戦の道を探ることになった。この局面の出来事は，第二次世界大戦を通じて，日本の軍事指導者らが求めた決戦戦略と明らかに対応している。仲介工作も，セオドア・ルーズベルト米大統領が仲介した日露戦争の形を踏襲した。1904-1905年の戦争もまた，日本軍による敵海軍への奇襲で始まった。決戦については，Drea, *Service of the Emperor*, 特にchapter12を参照。
41) Asada, "Shock of the Atomic Bomb," p. 504に引用。
42) それらは，京都（1,089,726），長崎（272,000），札幌（206,103），函館（203,862），横須賀（193,358），金沢（186,297），小倉（173,639），小樽（164,282），新潟（150,903），布施（134,724）。数字は1944年日本国勢調査，日本統計年鑑（東京毎日新聞社，1949年）42-43頁。
43) その3つは，札幌，函館，小樽。日本統計年鑑42-43頁とKirby, *War Against Japan*, p. 165.
44) それらは，川口（97,115），旭川（87,514），盛岡（79,478），秋田（61,791），浦和（59,671），高岡（59,434）。日本統計年鑑42-43頁。旭川，盛岡，秋田はB29の航続圏外だった。米陸軍航空隊は，あまりにも多くの日本の都市を徹底的に攻撃したため，その対象を人口3万人以下に減らしたという事実からも見て取れる。現代世界で人口3万人の都市は，大きな町と変わらない。ウィスコンシン大学マディソン校の学生会も当ては

まるだろう――マディソン市の人口を足さなくても。
45) 責任やリーダーシップについてのマイケル・ウォルツァーの素晴らしく示唆に富んだ論文 "Political Action: The Problem of Dirty Hands" 参照。
46) 原爆が天からの贈り物だと言及した日本の高官は1人だけではないことに注目すべきだ。米内（「天からの贈り物」）、迫水（「天から与えられた絶好の機会」）、鈴木（「和平交渉を始める極めて好ましい機会」）。
47) Asada, "Shock of the Atomic Bomb," p. 484.
48) 重要な例外として、米国の戦後の最も傑出した歴史家の1人であるアーネスト・R・メイを参照。1955年に出版された彼の "The United States, the Soviet Union, and the Far Eastern War" は、ソ連の参戦が日本降伏のカギだったと、やんわりと主張している。
49) 波多野の発言は、Hasegawa, *End of the Pacific War*, p. 301. Frank, *Downfall*, p. 291 参照。これらすべての要素によって、降伏決定を理解するためには、同時代の記述に頼ることが必須になる。会合時間、その時の実際の文書や手紙、日記は、必ずしも真実というわけではない。例えば、日記は時に未来を見越して書かれる。（例として、木戸の日記を参照。）だが、一般的に同時代の文書は、当時の人々の考え方や感情、懸念といったものを知る貴重な窓となる。日本降伏の証拠を評価する際、旧政府当局者らに真実を隠そうという圧力がかかっていたことに留意し、同時代の情報源に特に重きを置くことが重要である。興味深いことに、歴史家サミュエル・ウォーカーは、*Prompt and Utter Destruction,* pp. 90-91で、米当局者の戦後の記述を文字どおりに受け止めすぎないよう警告している。彼らの判断は「官僚の利益や個人的な経験、あるいは政治的な野心によってさえも」影響を受けているという。彼は正しいと私は思う。事実とされる事後の記述は、実際の出来事が修正されていることがしばしばある。よく見せようとしたり、自分が覚えていることによる後知恵だったりするのだ。
50) 8月7日に天皇と会って広島について議論したという木戸幸一に関して、フランクは「これが、次なる動乱の日々における一連の事態の始まりだとして木戸らが戦後に示した証拠は、天皇を好意的に記しているが、存在するはずの同時代の裏づけが欠けている」という。Frank, *Downfall*, p. 272.
51) 同書、p. 310に引用。
52) Asada, "Shock of the Atomic Bomb," p. 507.
53) Kort, *Columbia Guide*, p. 361.
54) Asada, "Shock of the Atomic Bomb," p. 507に引用。
55) よく見ると、降伏についての議論で原爆は面子を保つための言い訳だったという証拠を見つけることができる。8月9日の決定的な閣議で、農商務大臣の石黒忠篤は「我々は科学戦争に敗れた。国民は敗北について軍を不満に思うかもしれないが、科学戦争に敗れたと言えば理解するであろう」と主張した。同書、p. 507に引用。

神話 2

水爆は「革命的な」兵器

　1952年,米国によって,新たな核兵器の実験が行われた。水素とウランで造られた水爆は,広島を破壊した原爆の「数千倍の」威力を持つと言われた。ほとんどの人にとって,広島原爆の1千倍の威力を持つ爆弾を想像することは難しかったが,核兵器の威力がめざましい発展を遂げたことは容易に想像できた。その結果,この新型爆弾は戦争において決定的な役割を果たすだろうと,多くの人々は決めつけた。

　1950年代が核戦力について決定的な変革の時代だったという考えは,今や核兵器の歴史における共通認識であり,事実として信頼のおける結論ということになっている。だが,水爆がもたらした大変革は,現実というよりは幻想であった。水爆が戦争において真に決定的であったという話が本当だと言うには,疑問が多すぎるのである。

水爆革命

　水爆は画期的だった。ケネディ大統領の国家安全保障顧問を務めたマクジョージ・バンディは,水爆開発の決定を「核時代の偉大な第2段階」と言った。[1] 英首相のウィンストン・チャーチルは水爆について,こう述べた。

> 　原爆と水爆の間には大きな隔たりがある。原爆は恐ろしいが,戦時であれ平時であれ,人間の思考や行動において,コントロールできないことではなかっ

神話2　水爆は「革命的な」兵器

た。だが，水爆（の到来）によって，人間の行為の根底が変わり，人類は計り知れない宿命を背負うことになった[2]。

　水爆によって人々が衝撃を受けた理由は，その爆発エネルギーによって核兵器の大きさがはかられることにより，誤解を招いたからである。核兵器の爆発エネルギーは，通常それをTNT火薬に置き換えた場合，どれだけの量の火薬を爆発させたのと同じ威力があるのかで示される。だが，兵器が大きくなればなるほど，その爆発エネルギーが誇張されることになる。よく考えると，これはおかしな測定方法である。車のエンジン出力を，それを引っ張るのに必要な馬の数に応じた重量で計算するようなものだ。私たちは核兵器にどれだけ破壊力があるのかに関心があるのだから，1発の爆弾が破壊する面積による計測単位を作ったらどうだろうか。
　普通の人は，爆弾のサイズは，それが生み出す破壊の規模を示すものと思いがちである。言い換えると，爆発エネルギーと破壊力，爆弾のサイズと破壊面積は単純に比例するものと想像する。しかし，爆発エネルギーは必ずしも実際の状況を示すわけではない。爆発エネルギーが推定15キロトンの広島原爆と1メガトンの核兵器を比較してみよう。爆発エネルギーはTNT火薬に換算して，キロトン（数千トン）とメガトン（数百万トン）となる。1メガトンの爆弾は100万トンのTNT火薬と同量の爆発を生み出す。爆発エネルギーに換算すると，1メガトンの爆弾は広島に投下された原爆の66.7倍大きい。ということは，66.7倍の破壊力がありそうなものである。そこで試しに，核爆発の規模の差を読み取る際，核兵器についての本によく使われている地図，つまり，都市の鳥瞰図に破壊区域を示す同心円が描かれたものを私は思い浮かべた。1メガトン爆弾と広島原爆の規模の違いを考えようとする際に，それを66.7倍に広げた円を想像する。だが，これは，爆発エネルギーが誤解を生むことを示している。メガトン爆弾の円の直径は，広島原爆の円の直径の66.7倍の大きさではない。5.5倍である[3]。異なる威力の爆弾の破壊力を計算するのは複雑で，爆発エネルギーはその差を比較するにはまったく適していないのである[4]。
　水爆は恐ろしい兵器である。非常に破壊力がある。水爆が戦争で使われれ

ば，大惨事になるだろう。ただ，爆発エネルギーが「数千倍」大きいからといって，破壊力も「数千倍」大きいわけではない。

　水爆革命から引き出された教訓にまつわる別の疑問もある。過去40年にわたって，核兵器の威力を減らそうという奇妙な現象が起きている。水爆の大きさには理論上の限界はない。爆弾に水素をどんどん詰め込めば，爆発規模は無限に大きくなると考えられる。爆弾の威力をどんどん大きくしようとすることは容易に想像できるが，実際には爆弾は大きくならず，小さくなっているのである。1950年代後半から1960年代前半，米国とソ連は共に9メガトン級の爆弾を保有していた。だが，戦争を計画する人々は，より小さい爆弾を求めるようになった。今日では，米国製兵器の平均爆発エネルギーは175キロトン程度である。[5] 爆発エネルギーでは，広島原爆の10倍にすぎない。現代の核兵器の破壊力は，広島と長崎を破壊した原爆よりさほど大きいわけではない。数千倍などということはあり得ない。

　水爆革命についてまずわかることは，爆弾の威力が飛躍的に大きくなったわけではないということである。1950年代にある程度，限られた進化はあったかもしれないが，現在ではそういうことはないのである。

戦略爆撃は決定的か

　1950年代の出来事から核戦略の専門家らが学んだことは，戦略爆撃は決定的だということだった。敵国の本土にある都市や工業地帯，軍事施設を攻撃するのに核兵器はうってつけというわけだ。だが，こうした核兵器についての考え方が正しいかどうかに疑問を呈する理由がある。

　歴史家ローレンス・フリードマンによると，1950年代までには，戦略爆撃が決定的だという考え方が定着した。[6] 第二次世界大戦における戦略爆撃には疑義が出されていた。ドイツや日本，さらに多くの国々に対する爆撃のために膨大な戦力が投入され，各国の都市が爆撃されたが，そうした爆撃が効果的だったという明確な共通認識はない。通常爆撃そのものがドイツや日本を降伏に追い込んだわけではなかった。爆撃作戦は労力，費用，人命とも非常に高くつい

神話2　水爆は「革命的な」兵器

た。そのため激しい議論が起き，その認識の差が深かったため，米国は戦略爆撃調査団をつくり，その効果について大規模な調査を実施した。戦略爆撃調査団は第二次世界大戦中の爆撃について調べ尽くしたが，その結論は，戦略爆撃は，役に立ったが決定的ではなかった，というものだった。

ほとんどの核戦略の専門家はこれに同意した。バーナード・ブロディは「連合国側は，敵の士気をくじこうとする攻撃は爆弾を無駄にしただけだったと戦後に理解した……第二次世界大戦において，市民の士気を落とす爆撃の効果は確かに小さくはなかったが，爆撃で士気が下がってもそれが軍の作戦や戦争の結果に重要な影響を与えなかったのは明らかだと思われる」と記した[7]。トーマス・シェリングは「海峡封鎖や戦略爆撃そのものは，欧州戦線では（第一次，第二次の）どちらの世界大戦においても，有効ではなかった……欧州では航空機は懲罰的で威力のある決定打とはならなかった」と述べた[8]。

しかし，1950年代までにすべてが変わった。第二次世界大戦では戦略爆撃は決定的ではなかったが，今では決定的だということに，米国のほとんどの戦略家は同意している。核兵器を使った戦略爆撃が失敗するはずがない，という見解が核兵器を学ぶまともな研究者の考え方となった。それは大転換だった。特定の軍事攻撃の効果を図りかねていた戦略家らが，あっという間に，失敗するはずがないと確信したのである。どうして気が変わったのか，聞いてみるがよい。米戦略爆撃調査団が結成された1944年から1950年代初めまでの間に新たな証拠が出てきたのか。答えは簡単である。広島・長崎だ。核兵器による広島・長崎への爆撃によって，予想もしていなかった，驚くべき，完全なる勝利がもたらされたという証拠によって，戦略爆撃についての人々の考えが変わったのだ[9]。

前章での事実の検証で呈された疑問に照らし合わせれば，戦略爆撃が効果的だったという有力な証拠として広島・長崎が使われているのはおかしい。広島への原爆投下前に確信が持てなかったものが，広島の後には確信に変わったのだ。しかし，私たちは，広島から引き出された教訓に疑問があることをすでに知っている。広島・長崎についての認識が間違っているとしたら，戦略爆撃についても間違っていたということにならないだろうか。

都市の破壊

　核兵器によって都市を攻撃することが効果的かどうかを知る方法の1つは，歴史の例を見ることである。あらゆる時代から現代まで，都市攻撃は威圧にならないという歴史的な証拠がある。第二次世界大戦，第一次世界大戦，ナポレオン戦争といった歴史上最も良く知られた戦争を見ても，都市や市民を攻撃したことで勝ったという証拠はほとんどない。あまり知られていないような，都市や市民への攻撃が極めて激しかった例を見ても，都市を破壊し市民を殺害することで戦争に勝てるという考えにはほとんど証拠が見当たらない。例えば，チンギス・ハンは中央アジアのホラズム帝国で1219年から1221年に悪名高い都市破壊と住民虐殺を行った。ボハラ，メルブ，サマルカンド，ウルゲンチといった都市が破壊された。その残忍さにもかかわらず，戦争が始まってから3年後も，これらの都市はなお抵抗したのである。都市を破壊すると脅すことが有効な手段であるならば，ホラズム帝国のいくつかの都市が破壊された時点で，すべての都市が降伏したことだろう。しかし，1221年にインダス河畔で最後のホラズム軍が破れるまで，都市は抵抗し続けたのである。30年戦争中の1631年には，マクデブルクの街が焼かれ，大半の住民が殺された。都市の破壊が重要な軍事的な出来事であれば，その後すぐに戦争は終わっていただろう。実際には，戦争はさらに17年続いた。1943年に米英の空軍はハンブルクを破壊したが，ドイツはその後2年間，降伏しなかった。

　戦争で軍が都市を破壊してきた歴史は長い。しかし，都市が破壊されたために降伏した国はほとんどない。米国が経験した戦争でも同様である。1864年秋，北軍のウィリアム・T・シャーマン将軍は，南部で当時12番目に大きい都市アトランタを占領し，「南部が許しを乞うまで，とことん戦争を激しくする」と宣言し，アトランタの街を焼き尽くしたが，南部は戦い続けた。

　実りのないまま年が過ぎ，1865年4月，北軍はついに，南部の中心都市バージニア州リッチモンドを占領した。北軍にとって，リッチモンドは究極の目標であった。数多くの評論家や歌謡曲（「進め，リッチモンドへ！（On to Richmond!)」）までが，その南部の首都を占領すれば，おのずと反乱軍も崩壊するとの見通しを唱えていたが，それが実現しても，南部は頑強に戦い続けた。

アトランタが焼かれようが，リッチモンドが占領されようが，南部は降伏しなかった。リーとジョンストンの両将軍の軍が降伏を強いられて初めて，敗北となったのである。アトランタの破壊やリッチモンドの占領は戦争の付随的な出来事であって，中心ではなかった。

問題は，核兵器が物理的に数時間のうちに都市を破壊できるかどうかではない。核爆発の物理的な威力は疑いなくよく知られている。問題はそれに対して人々がどう反応するかである。あきらめるのか。歴史の証拠は，降伏するであろうとの直観とは矛盾している。都市の破壊は降伏には決してつながってはいない。

もちろん，核戦争は別だろう。都市への攻撃は次々と起こるのではない。それらは同時に起きるだろう。だが，それは誰にもわからないし，それらはすべて推測なのである。多くの都市が破壊されれば国は絶望的だ。人々がそう思うのは論理的に思われるが，現実はこの予想と矛盾しているのだ。

歴史の利用

都市破壊の証拠に対する反応として，ケビン・ドラムのように，「もはや第二次世界大戦ではない」というものがある。ドラムの言う通り，第二次世界大戦ではない。だが，「時代は変わった」は，過去の証拠を否定するのに説得力のある論拠ではない。物事は常に異なる。その論法に従えば，「もはや昨日ではない」ので，今日は太陽が昇らないのだと主張することもできよう。日常生活の科学技術が変わっても，過去の教訓は適用できる。薄型テレビや携帯電話を持とうが，人間は依然として恋に落ちるし，踊るし，戦争をするのであり，有名大学には歴史学部がある。過去を研究し，それを道標とする。そうすることで，人類が将来どうふるまうのか予測できることが多いからだ。難題に直面すると，ほとんどの人は喜んで限られた実際の経験を大量の理論と交換するのである。

ドラムの論理の中心は，核例外論である。核兵器はこれまでとはまったく違う兵器なので，過去のルールは適用できないというものだ。これは，1950年代に多くの核戦略の専門家が主張したのと同じである。ハーマン・カーンは，核戦略の専門家の間の通念をうまく要約し，このように記している。

　　核兵器は二度使われ，核の剣が何度も使われかけたにもかかわらず，核戦争の現実的な目的を私たちの経験から理論化したり，歴史の類推によって理論を説明したりすることも困難であり続けている（そうあり続けてほしい）。こうして，私たちの概念や教義の多くが，抽象的で分析的な考えに基づいている。[10]

　過去の教訓は核戦争にも適用される。核兵器が新しくても，人間はほとんど同じだからだ。道具が違っても，それを使う人間の本質は根本的なところで変わっていない。戦争には比較的強い継続性がある。人間が戦っているからだ。人類の特徴が変わるとしても，それは非常にゆっくりと，である。古代ギリシャの劇作家エウリピデスは紀元前424年，奴隷制の残酷さについて感動的に述べた。[11] 2千年後，ほとんどの国は奴隷制を非合法化した。それは進歩ではあるが，まだ多数の子どもや女性が古代ギリシャの奴隷のような状態にある。古代ギリシャの奴隷がそうだったように，性奴隷や子ども兵はその意思に反して拘束され，働かされているのだ。

　過去は別物である。私たちの祖先は，私たちとは違う衣服を着て，違う日用品を使い，違った生活様式や社会を形成していた。だが，外見的には違っていても，核心部分はそのまま残っている。聖書に書かれている人々の名前や習慣には奇異に映るものもあるが，傲慢，嫉妬，怠惰といった，いわゆる7つの大罪については私たちにも容易に理解できるのである。

　人間は変化しないと言っているわけではない。例えば，現代人の無意識という概念は古代ギリシャ人にはなかったであろう。意識や理性といった概念が生まれたのは紀元前5世紀に入ってからのことだ。[12] 人間の考えや概念は進化する。それでも，私たちは古代ギリシャ人の悲劇を読んで，人間の感情の深遠な力を感じる。進化はゆっくり起こり，早くはない。人間の特徴や態度が根本的に変わるには数百年，数千年とかかる。衣服は変えられても，心を変えるのは

ずっと，ずっと難しい。

　核戦争は新たな道具で戦われるであろうという事実は，戦争に対する我々の態度や反応を大きく変えはしない。核兵器は新しいからと言って過去の教訓を否定することは，サンタヤーナが警鐘を鳴らした罠に落ちるリスクを抱えることになるのである。「過去を忘れる者は，それを繰り返したと非難される」

破　　壊

　戦略爆撃は決定的だという信念に付随して，物を破壊すれば戦争において優位になるという想定がある。核兵器の破壊力について人々が語る時，まるで破壊と軍事的効果が同じものであることが大前提であるかのように思いがちである。戦争に破壊はつきものであるが，破壊は戦争そのものではない。

　破壊は戦争の勝利をもたらさない。スターリングラードを考えてみよう。第二次世界大戦でドイツがロシアを征服しようと，ボルガ川を臨むこの都市に総攻撃をかけた。1942年の秋，ドイツ軍はスターリングラード市民のほとんどを殺すか追い出すかしたが，スターリングラードの戦いには勝てなかった。廃墟となった街にしがみつくソ連兵に打ち勝てなかったのである。戦争とは兵士についてのことである。都市を破壊したり民間人を殺したりすることは，軍事戦略上は，おおむね本筋ではない。

　戦争では多大な破壊が起きる。そして時には，戦争の敗者は勝者より多くの破壊に見舞われる。しかし，破壊の量と勝利との結びつきは，それによっては証明されない。1812年のフランスとロシアの戦争を見てみよう。その年の6月にナポレオンがロシアに侵攻したことが，ナポレオン戦争の転換点だったとみなされている。69万のフランス軍は当時，欧州最大規模であった。戦闘はすべてロシア領で起き，そのほとんどがフランスの勝利か引き分けであった。一連の戦闘でロシアが被った破壊は甚大であった。ロシア領深くに侵攻した巨大なフランス軍は，穀物や家畜を奪い，村を焼き，さまざまな経済的，社会的な破壊をもたらした。

　モスクワは当時ロシアの首都ではなかったが，おそらく精神的な中心都市で

あった。この都市の焼き打ちによって，フランス軍による破壊は頂点に達するのである。ナポレオン軍は勝利に勝利を重ね，とりわけ（モスクワ近郊の）ボロディノの戦いによって，モスクワの陥落が近いことがロシア当局者の目にも明らかとなった。そこでロシア当局者は，モスクワにあった食糧や物資など，フランス軍が使えそうなものを街から取り去る決定をしたのである。住民は避難させられ，使える物は持ち去られるか壊され，街は放棄された。フランス軍は，利用価値のある物がほとんどない空っぽの街に到着した。この次に起きる出来事は，今も論争の種になっている。怒ったフランス軍がモスクワを焼いたのだという人もいれば，焦土戦術の一環としてロシア人自身が出て行く時に火を放ったのだという人もいる。ともあれ，街は焼け，火がおさまったころには，モスクワの5分の4が灰になっていた。かくして，繁栄の大都会は，石段から煙が立ち上る黒こげの廃墟となった。

　戦争中，ロシアはフランスをはるかに超える破壊を被った。フランス領に入ったり略奪したりしたロシア兵は1人もいなかったし，焼かれたフランスの街もなかった（英国などロシアの同盟国は，フランス海軍やフランスの海外権益，フランスの海岸にある施設に対する作戦を実施したが，戦争全体の被害から見れば，その被害は微々たるものだった）。あらゆる意図と目的により，すべての破壊はロシアで起きた。にもかかわらず，フランスは敗れたのである。ロシア側の作戦のカギは，ロシアの民間人や都市や経済ではなく，ナポレオンの軍隊に対して発動されたものであった。厳しいロシアの冬を通しての長く凄惨な退却戦，死傷，損耗により，誇らしげにロシアを行進したナポレオンの大陸軍は，6カ月後の帰還時には兵士の90％が失われていた。[13]

　破壊は，戦争の勝者と敗者を決定づけはしない。莫大な破壊を受けても，戦争に勝つことが可能なのだ。敵の経済資源や特に軍事施設を破壊することは役に立つだろうが，それがどれほどのものかは明らかではない。損害が決定的となるには，どれだけ破壊する必要があるのか。日本は68の都市が破壊された（そして，その産業も）が降伏しなかった。戦争の勝敗は敵軍が敗れるかどうかにかかっているのであって，民間人や家屋や産業や国土がどれだけ被害を受けたかではない。核兵器についての書き手はしばしば，一般的な破壊と，敵軍の

敗北に直接効果のある破壊とを混同している。破壊することは，勝つことと同じではないのである。

結論

1950年代の核兵器の科学技術の進展から引き出された教訓は，核戦争は決定的なものだということだった。その巨大な爆発は確かに決定的なものに違いない。その一部は疑問の余地なく正しい。核兵器は莫大な破壊力を持ち，多数の核兵器が使われるような戦争は大惨事になるだろう。だが，核兵器が必ずしも決定的なものかどうか，あるいは，特に戦争において有効な兵器かどうかはわからない。核兵器のサイズの拡大は誇張され，その後の核弾頭の小型化によって相殺されている。水爆革命は1950年代には影響があったかもしれないが，今日ではほとんど効果がない。そうした破壊や民間人の殺害が必ずしも勝利をもたらすかどうかもわからない。核兵器はものすごく危険である。核戦争を詳しく見るのは不安なことではあるが，あいまいにしておくことはできない。あいまいな考えやずさんな判断からは，賢明な政策は生まれないのである。

1) Gaddis et al., *Cold War Statesmen*, p. 35.
2) Churchill, *Hansard*.
3) もちろん，1メガトン爆弾の円は，爆発高度などの要素によって変わる。これらの数字はあくまでも概算であるが，要点は，威力の差と爆弾の大きさの差との誤った印象を与えるということである。
4) 著名な物理学者フリーマン・ダイソンに，爆発エネルギーの複雑さについての説明を求めた。「『破壊』という言葉はあいまいだが，普通の建物が破壊されるような爆発の損害範囲のことを通常は意味する。破壊力は爆発エネルギーの3分の2の威力を伴う。メガトン級の大きな爆発エネルギーでは爆発の損害よりも火災の損害の方が大きく，破壊は爆発エネルギーと共に大きくなる。それより小さいキロトン級の爆発エネルギーでは，爆発よりも放射能によって多くの人が殺され，爆発エネルギーの3分の2よりもゆっくりと破壊は減少する。1キロトンから1メガトンの間で，3分の2の威力とするのがほぼ妥当だ」との答えだった。
5) 実際の大きさは機密事項だが，これを知る立場の人々との会話や公文書の一般的記述から，この数字を引き出した。
6) Freedman, *Evolution of Nuclear Strategy*, p. 93-94.「まず，戦略爆撃の有効性の議論

については結論が出ていた」
7) Brodie, *Strategy in the Missile Age*, p. 103.
8) Schelling, *Arms and Influence*, p. 17.
9) 「広島・長崎での第二次世界大戦の劇的な終焉は、戦略爆撃の教義を救った。原爆がなかったら、空軍力の理論家は守勢に立たされ、限定的な見返りしかもたらさない都市破壊を正当化するのに苦労したことだろう。原爆によって、空軍力が認められたと言える」。Freedman, *Evolution of Nuclear Strategy*, p. 22.
10) Kahn, *On Escalation*, p. 134.
11) エウリピデスは実際には奴隷制廃止を求めなかった。彼は劇の中でその残酷さを描いた。(*Hecuba and The Trojan Women*)。そして、おそらく彼はこうした考え方にとらわれた。*Hecuba*の合唱は「ああ、奴隷制の常に邪悪なことよ。不正義が力によって持続している」。Stephen G. Daitz, "Concepts of Freedom and Slavery in Euripides' *Hecuba*," *Hermes* 99（1971）: pp. 217-26参照。
12) E. R. Dodds, *The Greeks and the Irrational* (Berkeley: University of California Press, 1951)、特にchapter 6, "Rationalism and Reaction in the Classical Age"を参照。
13) この教訓はソ連の軍事思想に採り入れられたと、米国の戦略家たちは考えている。例えば、Colin Gray, "Nuclear Strategy: A Case for a Theory of Victory," in Miller, *Strategy and Nuclear Deterrence*, p. 36を参照。

神話 3

危機を回避する核抑止

　核抑止は機能する。しかもしっかりと，確実に。とりわけ危機に直面したときに機能する。少なくとも，このような考え方が大勢である。とりわけ，現在50代60代の人々の間にそのような傾向がある。冷戦時代，一連の危機的状況を乗り越えて生き抜いた経験が，核抑止は，機能するのだ，という思考にかなり強く影響している。1950年代初頭では核抑止は単なる理論にすぎず，例えば，RAND研究所のような軍事戦略を扱うシンクタンクに所属する戦略家が想定していたようなある種の概念にすぎなかった。しかし，1960年代終わりまでには，たいていの人は，核抑止は実際に機能したと確信していた。つまり，彼らは様々な危機的状況を潜り抜け，生き延びることができ，幸運以外の何かが人々に安全をもたらしたに違いない，と信じていた。冷戦時代を生き延びた人々が学んだ教訓は，核抑止は機能する，ということである。

　しかし，さまざまな危機的状況の真相をより詳細に観察するにつけ，驚くべき，しかし，否定しがたい結論が浮かび上がってくる。核抑止が危機的状況を安定した状況に好転させたという見解は，実は事実に基づいていないのである。この章で扱う5つの危機的状況の例には，それぞれ，核抑止では政権首脳部が敵を攻撃することを抑制できなかった状況が垣間見られる。これらの失敗はどれも核戦争には至らなかったが，多くは危険なほどに間一髪の状況まで近づいていた。このような状況に鑑みて，実際に危機的状況を経験した人々は核抑止が実際には描かれたように事象に確実に影響しているのかどうか，疑いを持ち始めている。実際に，核抑止は危機的状況においては不確実な防御に思え

る。核抑止は，失敗することもあり得るし，実際に，多くの場合失敗している。

核 抑 止

「抑止」という言葉は，グレン・スナイダーによって，「思いとどまらせる」と最も無駄なく説明されている。アレクサンダー・ジョージや，リチャード・スモークは，「ある行動をとった場合に起こり得るコストやリスク，またはその両方が利益よりも大きくなると，攻撃を仕掛けようとする敵に信じ込ませる説得力」と定義している。トーマス・シェリングは抑止を「敵が攻撃を仕掛けようとすることを思いとどまらせる意図の脅威」と称している[1]。抑止とは，心理学的な過程なのである。核抑止とは，自分の敵の思考回路に潜入する道のりなのである。抑止論によると，国家の指導者は戦争に突入する決断をする前に，起こり得る代償を計算する。彼らは，まず，そのコストを考え，そして，その利益を考える。利益よりも，コストのほうが大きいと，意志決定者を説得することによって抑止は機能するのである。自らの敵に戦争によってもたらされる，死と破壊を想起させ，敵はその代償が大きすぎると気づき（希望的観測であるが）そして，攻撃的な行動をとらないと決定するのである。

もちろん，核抑止だけが唯一の抑止ではない。通常兵器も抑止のために使われる。1920年代，フランスは，防衛と抑止の両方のために，ドイツとの国境にマジノ線という大規模な要塞線を構築した。フランスがこのマジノ線の構築で送ったメッセージは，私たちは，戦争に対して十分に準備を整えており，いかなる攻撃も，攻撃した側が，極度の代償を払うことになるであろう，というものであった（実際，このマジノ線は機能しなかった）。

また，抑止は戦争だけで使用されるものではない。社会制度では，犯罪者になりそうな人間を，逮捕された違法者を罰することで，犯罪に走るのを思いとどまらせようとする。おそらく，罰が重くなればなるほど，例えば，泥棒の手を切り落とすといったような懲罰があれば，抑止はより効果的に機能するであろうと推測される。また，別の例として，親は，台所の調理台において冷まし

神話3　危機を回避する核抑止

ている焼き立てのクッキーを子どもが食べてしまわないように，もしもそんなことをすれば，ひっぱたくよ，と注意して，思い止まらせる。ある行動をとることにより，払わなければならない代償を計算するよう促すことにより，さまざま状況において抑止は機能する。

　核兵器を使わない抑止は機能するだろうか。機能すると推測できる。脅された場合，子どもはほとんどの場合，行儀良くふるまう。ほとんどの人々は盗みたいという欲望に打ち勝つことができる。そして，国家はほとんどの場合，戦争をしないという選択をする。しかし，普通の抑止は失敗することもある。時々，子どもたちは，たとえ警告されたとしても，クッキーを盗み食いしてしまう。驚くほど多くの人間は，自分の友人が違法行為のために服役しているという事実を知りながらも，自らも法律を破ってしまう。そして，歴史的に見ても，国家がたとえその代償が高いと理解していても，戦争に突入した例は枚挙に暇がない。つまり，通常の抑止の効果というものは，その状況によってさまざまであり，時には，機能し，またある時は機能しないのである。

　しかしながら，核抑止というのはそういった通常抑止とは異なると考えられている。通常抑止はたまに機能するだけかもしれないが，核抑止は，ほとんど完全に機能すると推測されている。つまり，核戦争が起こった場合の被害は甚大であるがゆえに，核抑止は特に信頼が置けるとほとんどの人が信じている。核抑止は，核戦争の悲惨な結末を示した写真を貼り付けた一時停止標識のようなものである。私たちは，そのような恐ろしい標識を見た後には，人々は間違いなく停止すると想像している。しかし，私たちが想像することは必ずしも真実とは限らない。

キューバミサイル危機

　キューバミサイル危機は，核兵器の歴史における分水嶺であった。英国の歴史家，アラン・ジョン・パーシヴァル・テイラーはキューバ危機を人類の歴史で最も重要な2週間と呼んだ。[2] ケネディ大統領の弟で，司法長官であったロバート・ケネディもキューバ危機は世界を核による破壊と人類滅亡の深淵にま

で引きずったと述べている[3]。彼は，のちに回顧録で最も緊張感の高まった瞬間を述懐している。

　「この数分間こそ，大統領が最も深い憂慮を抱いた時間だったと，私は思っている。世界は大破壊の瀬戸際に立っているのか。これは，われわれの犯したあやまちか。間違いか。しなければならないことはまだあったのか。あるいは，してはならないことは……。大統領の手は顔まで上げられ，口をおおった。こぶしを閉じたり，開いたりした。表情はひきつり，両眼は苦悩のためにほとんど灰色にみえた。私たち二人はおたがいにテーブルをへだてて見つめ合っていた。流れるように過ぎた数秒の間，ほかの人は一人もおらず，彼はもはや大統領ではないかのように思われた。

　なぜかわからぬが，私の心には大統領が病気で死にかかったときのことが浮かんだ。彼が愛児を失ったときのこと，われわれ兄弟が長兄の死を知ったときのこと，そのほか個人的に緊張し，傷ついたときのことを思い出した。単調な人声は続いていたが，私には何も聞こえないような感じであった。

　（中略）

　最後の決断のときが来ていたのであった。……降り口のない絶壁の端に，われわれはみんなが立たされている感じであった。今度の場合，決断の瞬間は「いま」であり，来週ではなかった。あすまで待って「もう一度集まって決める」わけにも，八時間待って「フルシチョフにもう一つメッセージを送ろう。そうすれば恐らく彼も，やっとわかってくれるだろう」というわけにもいかない。だめ，どれも不可能である。一千カイリ遠方，広漠たる大西洋上で，最後の決定は数分以内にくだされようとしているのだ。ケネディ大統領が始めたことだが，事態はもはや彼にも制御できないのであった。」[4]

　キューバミサイル危機の教訓は，大きくたちはだかっている。国際政治学者のリチャード・ネッド・ルボウによると，「その教訓は米国の外交政策および国際関係の理論の両方の中心部分を占有している。」[5] キューバ危機の記憶，そして，冷戦時代のすべての核兵器に関連した危機は私たちの核兵器に関する思考の形成に深く影響している。

　ほとんどの歴史学者や政治家は，キューバ危機について，次の様に語ってい

る。「当時のソ連のニキータ・フルシチョフ首相はキューバにミサイルを配備することを望んでおり，その過程で，米国のスパイ偵察機が，ミサイルを発見した。米国はキューバに対し，海上封鎖を実施し，フルシチョフは核戦争の危機が差し迫っていると認識し方針転換をし，配備中であったミサイルを撤退させた。」このように説明されれば，キューバミサイル危機の例は，核抑止が機能した確固たる証拠として，挙げることができよう。

　しかしこの話は，もう1つの観点を無視している。政治学者，特に，西欧諸国の学者は，フルシチョフの言動に，より注目し，米国の大統領の言動には，あまり注意を払っていないようである。相手が存在してこそ，危機的状況が，作り出されるのである。フルシチョフが核戦争の危機に抑止されたと論証することは可能かもしれない。だが，ケネディ大統領が同じ様に抑止されたと論証することはかなり困難である。

　1962年10月16日の朝，ケネディ大統領は米国の偵察機が，ソ連がキューバに中距離核弾頭ミサイルを配備しているのを発見したという報告を受けた。ソ連のこの動向は条約違反ではないにしろ，ソ連は，キューバに核弾頭を配備していることはないと，はっきりと否定した。ケネディ大統領は，いかなる攻撃用のミサイルのキューバへの配備も，米国にとって，最も深刻な問題をもたらすと，公に警告を発した。

　この時すでに国内でケネディはキューバ政策に関してかなりの政治的圧迫を受けていた。この核ミサイル危機が明らかになる前のひと夏中，人員と物資がキューバに輸送されていることを理由に，共和党員の中心人物は大統領とその政権に対して辛辣な批判を浴びせていた。共和党員たちは，ケネディは共産主義に対して，弱腰すぎると批判していた。その前年，ケネディ大統領は亡命キューバ人を使って，CIAによるキューバ侵攻作戦を計画した。しかし，その侵攻作戦が大失敗に終わったのをうけ，大統領はカストロに反発する勢力を援助するために米軍を派兵することを拒否した。大統領のこの決断は共和党員たちの批判をさらに深めた。それゆえ，ミサイル危機が起こる以前から，キューバ政策はケネディ大統領にとって米国内政治の危機の源泉であった。

　大統領がミサイル配備について知らされ，彼の側近たちと1週間にわたり秘

密裏に行った討議の結果，大統領はキューバに対して「隔離」という政策をとると発表した。これは海上封鎖つまり，今後すべての軍事品の供給がキューバに運ばれるのを遮断するという手段である。そして，全国的に劇的なテレビ中継によって発表された声明で，彼はこれらのミサイルは撤収されなければならないと要求した。そして非常に緊張に満ちた1週間が始まり，その間，核戦争の恐怖が米国，ソ連，キューバ，そして世界中を襲った。最終的に，ソ連は米国がキューバに侵攻しないということを公約として発表することと引き換えに，キューバからミサイルを撤収することに同意した。非公式には，ケネディ大統領はフルシチョフに，公式に取引ということでは発表できないが，米国はトルコのソ連との国境近くに配備した核弾頭搭載のミサイルを撤収させることを約束した。

　しかしながら，キューバミサイル危機を「核抑止論を擁護するコラム」に掲載する前に，考えなければならない疑問がある。それは，ソ連の核抑止は機能せず，ケネディがキューバの海上封鎖を実施するに至った事実をどう考えるべきか，という疑問である。もしも核戦争に対する恐怖心により，政治家が核戦争に向けて踏み出すことを思いとどまるのであるならば，または，もしケネディ大統領がキューバを封鎖することが核戦争に至る可能性があることを知っていたならば，それではなぜケネディは，核抑止により封鎖を思いとどまらなかったのだろうか。

　著名な英国の核理論家のマイケル・クインラン卿は次のように述べている。「核兵器が存在する以前の世界でさえ滅多に匹敵しなかったほどの無謀な狂気に取り付かれた為政者だけが，核兵器が自分の国に落とされるかもしれないような紛争を，冷静に始めることを検討する。6)」

　核戦争の危険性や問題を考えるほとんどの核兵器関連の学者や軍部の高官は，この見解に同意するだろう。核戦争の危険を冒すなんて，狂気の沙汰であると。しかしながら，これこそまさに，ケネディ大統領がとった行動ではないだろうか。7)

　ケネディ大統領が海上封鎖を行った時，核戦争の危機は，フルシチョフが撤退を強要された時ほどは，それほど明確ではなかったという議論の余地はあ

神話3　危機を回避する核抑止

る。それでは，次のように問いかけてみよう。ケネディが核戦争勃発に至るかもしれない危機を仕掛けていた，ということは，どれほど明確であっただろうか。まず，相互の言葉による威嚇の応酬の一部として，その年の秋にソ連は，もしもキューバが攻撃された場合は戦争の結果をもたらすと警告している。

> ソ連が，侵略を押し返すために，他国，例えばキューバに，報復攻撃用に自国の武器を移送させる必要はない。ソ連は核弾頭を搭載できる強力なミサイルを保有しており，ソ連の国境を越えて武器を配備するための用地を探す必要はない……もしある国がキューバを攻撃した場合，その侵略者は，報復を免れないと覚悟したほうがよいであろう。もし，そのような攻撃がなされた場合は戦争が始まる。[8]

ここではソ連は，核戦争ではなく，単に戦争として威嚇したが，少なくともケネディ政権は核戦争を意味していると解釈した。ケネディのスピーチライターで側近のセオドア・ソレンセンは彼の回顧録の中で，「米国によるキューバに対するいかなる武力行使も核戦争を引き起こす」という意味での威嚇と解釈した。[9]　ソレンセンが通常の戦争と核戦争の区別をはっきりとしなかったということは恐らく正しかったと言える。キューバをめぐる通常兵器による戦争は，それがどのようなレベルであったにしろ，核戦争に至る可能性が大きかった。

ケネディ政権が核戦争の可能性を読み違えたか，過小に評価していたということは考えられるだろうか。その可能性は低いと思われる。ケネディ大統領本人が，キューバ危機を回避した後に，戦争になりえた可能性は「3分の1から，5分5分くらい」だったとソレンセンに告白している。[10]　つまり，ケネディは核戦争が起こる危機を明確に理解していた。しかし，恐らくケネディはその危機を乗り越えた後になって，やっとその危険性を認識したのかもしれない。危険を身近で経験することによって，その危険をより正確に理解できるというのは確かに当然である。またしても，この事例は，ケネディが危機を正しく理解できていたという信憑性を低くしている。

このミサイル危機の間，ケネディは15人の側近を招集しており，のちにこれ

がエクスコム（国家安全保障会議執行委員会）となるのである。この危機の前半の6日間，つまり，政権の決定が公式に発表される前，少なくとも60回もこの危機が核戦争に発展しそうになっていた。大統領自身が1962年10月19日金曜日の統合参謀本部（JCS）との会話の中で，危機の重大性を述べている[11]。

ケネディの危険に対する理解は恐らく，いったん彼がこの危機を乗り越え，生き延びた後は，より明瞭で，直感的であったかもしれないが，彼は，核抑止は機能するべきであったと十分に認識していた様であった。米国が実施する可能性のあった行動，または，議論された行動，つまり，海上封鎖にしろ，空爆にしろ，それが核戦争を引き起こした可能性があるというのは誰の目にも明らかであった。

ではなぜ，核抑止は機能しなかったのだろうか。そして，なぜケネディはクインランが定義した無謀な狂気に匹敵すると思われる行動をとったのであろうか。

核兵器の賛同者は，ケネディが核戦争の危機を冒した意志を説明する1つの方法として，米国が，核兵器の所有において，ソ連よりも優位に立っているということで，核戦争によってもたらされる危機を，それほど深刻に考慮しなくてもよいと判断したのではないかと，議論している[12]。

キューバ危機がすべて終了した後に，エクスコムのメンバーは核の優位性の重要性を主張した[13]。マックスウェル・テイラー将軍は次のように要約した。「私たちはソ連を手も足もでない状態に追い込んだと確信したし，最終的な結末についてはまったく心配していなかった[14]。」しかし，エクスコムの中の高官や，また，ケネディ自身も核の優位性は，ミサイル危機に対応中はほとんど直接的にも間接的にも，決定には影響を及ぼさなかったと語っている[15]。

また，より多くの武器を持つことで明らかに有利な立場になれるかということは，明確ではない。ミサイルや爆撃機の数は米国が優勢であったが，1950年代の後半迄には米ソ両国は，戦争が起こった場合は，仮に核攻撃を被った後でさえも，相手に甚大な被害を与えることができる程になっていた。ケネディの国家安全保障問題担当大統領補佐官であったマクジョージ・バンディは次の様に説明している。「当時私たちが把握していたソ連の核兵器の状況は，核戦争

神話3　危機を回避する核抑止

が起こった場合，米国に壊滅的被害を十分にもたらすことができるほどの数であるということぐらいで，米国の戦略的核兵器の数がソ連よりもかなり多いという事実によって，安心などはまったくできなかった[16]。」

米国が第一撃を与え，ソ連の地上配備の核兵器のかなりの数を破壊したと仮定しても，当時の研究によると，米国は，それでも約1億人を犠牲にすることになり，これは人口1億8千7百万人の人口の半分以上に当たる。ソ連は核兵器の数においてはいまだに米国に後れを取っていたが，同等の被害を与える能力は保持していた[17]。

キューバ危機における核の優位性が効果を発揮したか，しなかったか，に関する最終的な証拠の1つは，ソ連がミサイルの数においては米国よりも劣勢にあるという事実にもかかわらず，そのことがソ連を怖じけさせるには至らなかったということである[18]。

キューバ危機のまっただ中で，戦争が起こる可能性が最高潮に達した様に思えた時，フルシチョフは，米国が侵略しないという誓約をすることの代償としてミサイルを撤収させるという申し出を行い　危機の回避可能性を提案した。しかし，その24時間後，また別の提案を行った。新たな提案ではミサイルは撤収するが米国は不可侵の公約に加え，トルコに配備している米国のミサイルを撤収せよ，ということであった。不利な立場にいる交渉者は滅多に新たな要求を加えることによって危険を冒すことはしない。

歴史学者であるマーク・トラクテンバーグは次の様に結論づけている。「実際のところ，ケネディ大統領と彼の側近がミサイル，爆撃機，核弾頭の数を数え，それをもとに強硬路線をとると決断したという証拠はない。キューバ危機を経験した退役軍人たちは，そのような計算を行ったということについてはしばしば否定しており，それに関しては，議論の余地はないと言っている[19]。」

ケネディ大統領は，核戦争が起こり得る明白な危機を十分に認識していたにもかかわらず，そしてその危機は米国の軍備がソ連よりも数の上で勝っていることによって軽減されるものではまったくないにもかかわらず，大統領はキューバに対して海上封鎖を実施することを決断した。これまで，確実で，信頼できると多くの場合考えられていた核抑止はこの時機能しなかった。空前絶

後の最も危険な核戦争の危機において，この国家の指導者は，核抑止の一時停止標識を見て，さらに恐ろしい核戦争の描かれた写真をその上に見つけ，そして，それにもかかわらず，その交差点を無謀にも突破してしまった．

異常接近（ニアミス）

核抑止は，ケネディがキューバを海上封鎖するのを防ぐことはできなかったが，キューバ危機は核戦争を勃発させるには至らなかった．だからといって，そのことはたいした気休めにもならない．危機が起こっている間に，一度ならず，核戦争と間一髪のところまできたからである．

核戦争を引き起こしていたかも知れない3つの事件がこの危機の間に発生した．そしてもう1つの事件は，かなりの高い確率で核戦争を勃発させていたかもしれない事件であった．それらの事件とは，危機の真っ只中に，米国のU2偵察機が予定針路からはずれソ連上空を飛行したこと，ソ連の潜水艦が爆雷で威嚇されたこと，米国偵察機がキューバ上空で撃墜されたこと，そして，米国による，キューバへの侵攻計画，であった．これらの1つ1つの事件は，もう少しで，核戦争を引き起こすところであった．そして，見方によっては，核兵器の使用が土壇場で，間一髪，どうにか回避できたケースとも言える．

信じられないことであるが，キューバミサイル危機の緊張が最高潮に達したその日，1962年10月27日にU2偵察機の誘導装置が故障した（物事は起こり得る最悪の時に，いつも悪い方向に行くものである）．その偵察機は北極上空で日常的な業務として大気採取を行っていた．アラスカから北極へ向けての往きの針路は平穏無事であった．しかし，戻りの針路で，その偵察機は，1,300キロ近くも針路をそれて，480キロ以上もソ連の領空に侵入していた．それも，このキューバ危機の真っ只中に．それゆえ，ソ連はその偵察機を，核兵器を搭載した爆撃機と疑問の余地なく確信したのである．

ようやく，問題に気づいた操縦士は偵察機を方向転換し，アラスカに引き返そうとした．ソ連側の戦闘機はその領空侵犯飛行機を迎撃し，撃墜するために緊急発進した．米国側の戦闘機も，U2偵察機を出迎えて，帰路を誘導するた

神話3　危機を回避する核抑止

めに緊急発進した。しかしながら，戦争が迫っている可能性があるために，その週の初めに搭乗員たちは米国の戦闘機から通常兵器を取り外し，代わりに核弾頭搭載のファルコン空対空ミサイルを取り付けていたのである。ファルコンミサイル1発で並外れた打撃を向かってくる爆撃機に与えることができる。しかし，このことは，もしも米国とソ連の戦闘機が空中戦になった場合，米国の戦闘機に搭載されていた唯一の武装が核兵器であったことを意味した。

　運よく，戦闘機はお互いを迎撃し合うことはなかった。また，最終的に，U2偵察機は無事に帰還した。しかし，このエピソードは，この日常業務であるはずの大気採取がいかに容易に，一連の無関係の失敗や事故のために制御不能に陥り，核戦争の危機に突入してしまうかを物語っている[20]。

　キューバ周辺の海は，また，米国とソ連の軍隊が衝突を起こす可能性のある領域であった。1962年の初秋に，ソ連は，4隻のフォックストロット級攻撃型潜水艦を，キューバ近海を偵察するため，また，キューバに運ばれてくる軍需品を積んだ貨物船を慎重に見守るために派遣した。海上封鎖が実施された時に，米国海軍の指揮官はこれらの潜水艦を発見し，浮上させることに必死になっていた。米国の政府高官はモスクワにメッセージを前もって送っており，海上封鎖の一部として米国はソ連の潜水艦を浮上させ，身元確認をすると伝えていた。米国は無害な発音弾を投下することによりその目的を達するつもりであると伝えていた。しかしモスクワはこのメッセージを受け取らなかったか，カリブ海に展開する潜水艦の艦長にそのメッセージを伝達することに失敗したかのどちらかであったようだ。

　1962年10月27日の土曜日，ソ連潜水艦B59の艦長であったバレンティン・サビツキーはほとんど，万策尽き果ててしまっていた。その潜水艦は「機械的な問題で悩まされていた。空調装置は故障していた……艦内の気温は45～60℃まで上っていた。また，艦内の一酸化炭素のレベルは，致死量に近づいていた。」その上，「(米海軍は) 彼の潜水艦をここ2日間，ずっと追跡していた。電池は危険なほどに消耗していた。彼は首都モスクワとは24時間以上も通信できずにいた。米国の航空機は頭上を旋回しているようで，緊急の潜水を余儀なくされたため，予定されていた午後の無線会議には参加できなかった。」彼は，世界

が戦争の危機に瀕しているのは知っていた。艦長が米軍に接近するのを回避していた，ここ2日間にどのようなことが起こり得ていたか，誰が想像できたであろうか。

そうしている間に，米国の駆逐艦4隻が，B59の頭上を旋回しており，その周りに発音弾を投下していた。発音弾の爆発音は，水中の潜水艦の薄暗がりと，暑さの中に閉じ込められた，ソ連潜水艦の艦長や乗組員の神経をすり減らした。その潜水艦には約20発の通常の魚雷が搭載されていた。しかし，その潜水艦は10キロトンの威力の核弾頭搭載の魚雷も1発装備していたのである。核弾頭搭載の魚雷を発射するには，モスクワからの承認が必要であったが，艦長がその魚雷を彼の一存で発射させるのを防ぐための特別な施錠や，装置などはなかった。

米軍からの発音弾による威嚇が続く中で，サビツキー艦長は核魚雷の担当の将校を呼び寄せ，発射の準備をするように指示した。「俺たちが海の中で，ぐるぐる回っている間に，地上ではもう戦争が始まってしまっているかもしれない！」と艦長は叫んだ。「今すぐ米軍を吹っ飛ばしてやろう。俺たちも死んでしまうが，米軍をすべて撃沈してやる。ソビエト海軍の名を貶めないためにも！」と。幸いにも，冷静な考えの人が，興奮した艦長を説き伏せ，艦長は最終的に，魚雷を発射することなく，B59潜水艦を浮上させることに同意した。[21] 海上封鎖の手順に関する警告を聞き逃したこと，偶発的事故，機械の故障，そして緊張の中で神経をすり減らした乗組員，こういったことが重なり，紛争が小競り合いで終わるのか，核戦争を勃発させるかの分かれ道が，突如として紙一重というところまで来ていたのである。

このミサイル危機が始まって以来，米国の偵察機は間断なく，キューバ上空を飛行していた。当初は，ソ連の防空部隊は偵察機を撃墜することを躊躇していた。しかし，危機的状況が深刻になり，キューバの上空を飛行されることが耐えられなくなってきていた。ついに，キューバのソ連現地司令官のアイサ・プリエフ将軍は，キューバ領空を侵犯をした飛行機はすべて撃墜するという意図をモスクワに伝達した。10月27日土曜日，プリエフが病気のためまだベッドにいる間に，彼の部下がキューバの東方を米国の偵察機が撮影していることに

気づき，彼らの権限だけで，その偵察機の撃墜命令を出してしまった。こうして，U2偵察機撃墜が起こったのである。

　ケネディ大統領と彼の側近はかねてより，キューバ上空へ偵察機を送ることの危険を懸念していた。彼らは，偵察機のことを議論した上で，情報収集の重要性を考慮し，上空飛行を続けることに同意した。ただし，万が一，偵察機が撃墜された場合，報復として，即時に，偵察機を撃墜した地対空ミサイル基地を攻撃し，破壊するという条件をつけた。

　そして，今，米国の操縦士がキューバ上空で撃墜され，死亡したと推測されるとの報告を受けたのである。ホワイトハウスの緊急会議で，お互い凝視しながら，ケネディと彼の側近は，彼らの指令により，米国の操縦士を死に至らしめたと気づいた。ケネディの側近は，次の段階の取るべき行為として，キューバの地対空ミサイルの防空部隊を即時に攻撃すると想定した。そして，その行動は高い確率で全面的な戦闘にエスカレートしていくということもわかっていた。ソ連が，キューバの地対空ミサイル基地に対する米軍の攻撃を防ごうとして，米軍とソ連軍の戦闘機がキューバ上空で戦火を交えることになるかもしれなかった。ソ連，もしくはキューバの戦闘機が海上封鎖をしている米国の海上部隊，または，米国本土の基地を攻撃する可能性もあった。一度実際の戦闘が始まり，より多くの前線指揮官がそれぞれの決定を独自で行うようになると，総司令官が状況を把握し，指揮系統を保とうとする能力は，著しく損なわれてしまう。

　ケネディは，この危機が制御不能に陥る可能性があることを十分に承知し，地対空ミサイルの防空部隊への報復攻撃を延期した。そして報復するかどうかという議論は，翌日に危機的状況が回避されたことを受け，現実的に意味のない議論となった。[22] 危機が起こると，例えば，情報収集といったような，非攻撃的な行為でさえ，脅威を与えるものとして受け取られる。そして，脅威と認識された場合，しばしば，攻撃的な行為がそれに続いて起こる。

　最終的に，最も厄介な，核戦争に直接エスカレートする可能性というのは，実際は取らなかったが，もしかしたらとっていたかもしれない行動によって引き起こされる。もしもキューバからのソ連のミサイルの撤収についての交渉が

成立していなかったならば，米国はキューバに侵攻し，武力によって，ミサイルを排除するという計画であった。この一連の措置はとてつもない，隠れた危険をはらんでいた。つまり，ケネディと彼の側近が知らなかったことは，もし米国がキューバに侵攻していたならば，即時に核戦争が起こっていたであろう，ということである。米国の情報機関の諜報員に知られることなく，キューバ国内のソビエト戦力は，移動式のFKR地上発射型戦術核巡航ミサイルを装備した2つの部隊を含んでいたのである。どちらも40個の核弾頭を搭載し，米国からのいかなる攻撃に対しても準備していた。米国の侵攻が開始されれば間をおかずに，これらの核ミサイルはグアンタナモの米軍基地，キューバに向かって侵攻してくるすべての舟艇，また，その他の攻撃可能なすべての標的に対して使われていたであろう。

　こういった例は，キューバミサイル危機が，高い確率で核戦争にエスカレートしていた可能性を明確に証明している。23) 核抑止が機能しなくなると，危機的状況は，エスカレートする可能性がある。時には，直接的に，また時には間接的に，全面核戦争へと拡大する。

　核戦争が始まる恐れがケネディを思いとどまらせることに失敗したことからも，彼がこのキューバ危機から学んだ教訓を再考してみるというのは興味深いものである。後に，ケネディは，「とりわけ，われわれのきわめて重要な利益を守ると同時に，核兵器を保有する国は，敵に屈辱的な撤退か核戦争のどちらかを，選択させるしかないという紛争を避けなければならない。」と述懐している。24) この述懐はケネディがフルシチョフのことを語っているのだと普通考えられている。屈辱か，核戦争かの選択に迫られていたのはフルシチョフだったと，ケネディの言葉から推測される。しかしながら，さらに興味深い可能性が存在する。

　ケネディがキューバ危機を振り返って回想する時，核戦争に駆り立てる危険を冒していたのは彼自身であったかもしれないという考えが彼の脳裏に浮かんでいたのかもしれない。結局，すべてを失っていたのは，ケネディであったかもしれないのである。長期的に見るならば，ミサイルをキューバに導入させても米国の威信にそれほどたいした傷はつかなかったかも知れない。ソ連は米国

神話3 危機を回避する核抑止

が1961年にトルコと，イタリアにミサイルを配備したが，なんとかその状況を持ちこたえてきた。しかし短期的に見るならば，もしもケネディがキューバにミサイルを配備させたままで放置したならば，確実に彼は1964年の再選挙には負けていたであろう。それどころか，彼がキューバ危機の真っ只中に，弟のロバート・ケネディに打ち明けたように，彼は弾劾されていたかもしれない[*1]。ケネディ大統領にとって，キューバにミサイルを配備させたままにするということによって個人的に被る結果は，非常に屈辱的なものになっていたかもしれない。彼の半生をかけて成し遂げてきたものがすべて，この1つの出来事によって，否定される結果になっていたかもしれない。個人的な屈辱，敗北者として歴史に名を残し，落ちぶれていく可能性を予期した時，ケネディは核戦争の危機を選択した。

つまり，キューバ危機から，どのような教訓を私たちは学ぶべきであろうか。一方では，核抑止は，フルシチョフが引き下がったことからも，機能したと言えるかもしれない。核戦争が起こるかもしれないとの脅威のために，ミサイルは撤収された。しかし，抑止はフルシチョフにまったく影響を与えなかったということも言える。もしかしたら，フルシチョフは米国がキューバを侵略しないという約束を高く評価し，ミサイルを撤収することに同意したのかもしれない。または，もしかしたらロバート・ケネディが密約として，トルコに配備しているジュピターミサイルを撤退させることを約束したことに説得されたのかもしれない。あるいは，フルシチョフは米国がカリブ海において，通常兵器の威力で優位に立っていることに動揺したのかも知れない。つまり，核抑止が機能した可能性があると同時に，核抑止とフルシチョフがミサイルを撤退させる決定をしたことの間には，何の関係もなかった可能性もある。

その一方で，核抑止が，機能不全であることは明確である。ケネディ大統領は核戦争が始まる危険があることを承知していた。彼はもはや後戻りのできないような行動をとった（ケネディ大統領は一連の行動を，開始したが，彼はそれらを

[*1] アメリカ大統領の場合，議会による弾劾は日本の国会による内閣不信任にあたり，その職を失う。日本の内閣不信任とは異なり，大統領が弾劾されることは極めて稀である。

制御することはもうできなくなっていた)。ケネディが指示した海上封鎖，そして，海上封鎖から発展した危機的状況は戦争を引き起こしていたかもしれない。それどころか，私たちが目撃したように，多くの状況において，もう少しで，戦争になりかけていた。しかし，こういった明確な核戦争の危機がケネディを思いとどまらせることはなかった。

　おそらく，キューバミサイル危機について，最も注目すべきことは，核抑止の機能不全の実例が，核抑止がうまく機能したということを証明する事例に解釈が移り変わっていったその過程である。今日に至るまでの最も重大な核戦争の危機は，核抑止は，機能不全になり得るという明確な証拠を提示している。それにもかかわらず，このキューバ危機は，核抑止が機能するという究極的な証拠として考えられている。

1948年ベルリン封鎖

　もしも，キューバミサイル危機が，核抑止が不可解にも機能不全に陥った唯一の出来事だとするならば，1つだけの例外でその原則を否定する根拠にはならないと主張できるかもしれない。しかしながら，その証拠はたった1つの例外の話をしているのではない。何度も何度も，核抑止が機能しなかったと思われる出来事が起こり，そのつど実は無視されているのである。

　1948年に起こったベルリン危機について，簡潔に再検証してみよう。歴史家はB29爆撃機を英国に再配備したことがソ連を抑止することに成功したのかどうかとの論議をしている[25]。しかし，スターリンがそもそも，どのようにしてベルリン危機を始めたのか問いかける人は少ない。スターリンがベルリンの封鎖を命令した時に，米国は唯一の核兵器保有国であった(ソ連が初の核爆発実験を行ったのはその1年後であった)。ベルリンへの物資輸送の遮断は戦争勃発の危機をとてつもなく大きくはらんでいた。強力な2つの武装勢力が限られた狭い地域でお互いに対立する時，予測できないエスカレーションが起こる可能性はいつも内在している。あるいは，そういったエスカレーションが意図的に起こることもある。ベルリン危機の間，米国政府が検討した対策の1つは，機甲部隊

を派遣し、ベルリンまで高速道路から無理やり到達するというものであった。核戦争を誘発させる危険と、米国の核兵器の独占状態を考慮しても、なぜ、スターリンはベルリン封鎖を始めることを思いとどまらなかったのであろうか。もしも核戦争が起こるかもしれないとの危機感が抑止力となるならば、なぜ、スターリンは、自国に対する核兵器の使用を招くかもしれなかった危機を起こしたのだろうか。[26]

ここで言う核抑止の機能不全は、筆者の判断では、キューバミサイル危機で経験したほど明確ではない。米国はベルリン封鎖以前に、核抑止の脅威をはっきりと発信してはいなかった。米ソ間の敵対関係は1962年と比べれば、そのころはそれほど険悪でも熾烈でもなかった。しかし、ベルリン封鎖の出来事に関して印象深いことは、文献においても、まったく、注目されなかったことである。ベルリン封鎖における核抑止の機能不全がどのように説明できるのか、またそれが可能なのかを研究した雑誌論文もまったく存在していないのである。このベルリン封鎖に対する世間の関心の低さというものは奇妙としか言いようがない。もしも核抑止の機能不全が起こす結末が悲惨なものであるならば、注意深く、念入りに、可能性として起こりうるシナリオを吟味したいと思わないのだろうか。例えば、航空機の安全とは、このように取り扱われるのではないか。墜落事故は1件ずつ、徹底的かつ詳細にわたって、冷酷なまでに念入りに調査される。しかし、核抑止が機能不全に陥る可能性については、調査されないままである。

朝鮮戦争

ベルリン危機の間に暗黙のうちに伝達された核の脅威、つまり英国へのB29爆撃機の再配備は、朝鮮戦争においても、非常に興味深い相似性が見られる。B29爆撃機の再配備がソ連の政策決定にいずれにしても影響を及ぼしたという証拠はほとんどないように見えるが、その後の数年間、米国政府はベルリン危機の際に核の脅威が果たした役割は重大な影響を及ぼしていたのではないかと、信じるようになった。[27] それゆえ、朝鮮戦争が始まって3週間たった時に、

B29爆撃機は再び英国に再配備された。おそらく，それらの爆撃機は，ソ連に朝鮮戦争に介入することは危険であるというメッセージを送るためのものであった。
　朝鮮半島の状況が悪化するにつれて，追加のB29爆撃機が太平洋の，朝鮮半島の戦域により近い基地に配備された。通常は戦闘時の軍事物資，武器の移動は注意深く，秘密裏に行われるものだが，驚いたことに，この再配備は即座に新聞記事になった。
　朝鮮戦争のさなかに，英国にB29爆撃機を再配備することは，ソ連が北朝鮮側に立って参戦することを思いとどまらせることを意図としていたと主張する説もある。そして，ソ連は実際参戦しなかったのであるから，この抑止は成功したと主張することもできる。また，爆撃機を太平洋に再配備したことは，中国が台湾を侵略しないようにするための警告であったと，そして，それも成功した，と主張する説もある。つまり，朝鮮戦争を歴史的に考察して，核抑止を擁護することもできる。
　しかし，もう1つの角度からこの出来事を見ることも可能である。ソ連に対しても，中国に対しても，はっきりとした警告が発せられていたわけではないので，ソ連も中国も，自分たちで，その爆撃機の再配備が何を意味するのか判断するしかなかった。もしも，英国へのB29の配備がソ連の参戦を思いとどまらせるための警告だったとすれば，なぜ太平洋へのB29の配備が，中国に対し北朝鮮を援護しないように警告するためのものではなかったと言えるだろうか。これは，合理的な発想である。この2つの事象は，正確に対比できる。そして，この歴史的出来事では，核抑止が劇的に機能不全に陥ってしまった。つまり，中国は，結果として朝鮮戦争に全面的に参戦したのである。
　なぜ，トルーマン大統領がB29爆撃機を太平洋に急派したのか，その動機を知るのは不可能である。わかっていることは，中国は，北朝鮮側につき参戦し，核戦争の危険を無視した，ということである。核兵器搭載可能な爆撃機を移動させたとのニュースが，ニューヨークタイムズに掲載された後，もし，中国が慎重に思慮深く考慮していたならば，中国は参戦するのを思いとどまっていただろう，と普通なら考える。つまり，中国が北朝鮮に味方して参戦するこ

とは，結果として，米国が中国に対して核兵器を使用するかもしれないという危険を中国にもたらすものだと当然考えられるからである。中国が過去の公文書記録を公開した場合，いつの日か，中国は，核戦争勃発の危機を冒していなかったと信じるに足る正当な理由が見つかるかもしれない。しかし，今の所，中国は単に核戦争の危機を無視したように見える。そしてこれは，核抑止の原則に反している[28]。もう一度言うが，この事例は明確な核抑止の機能不全ではない。脅威はすべて暗示的であった。しかし，最も問題だと思われることは，抑止に関する研究論文の中で，この事例が広く議論され，討議されていないということである。

1973年中東戦争

1973年，占領地のイスラエル軍は，北部においてはシリア軍に，そして，南部においては，エジプト軍に攻撃された。この中東危機に関するほとんどの学術研究は，この危機の後半において，エジプトに軍隊を空輸することをソ連に思いとどまらせることを意図して，世界中で米国がその核戦力を警戒態勢に置いたことに焦点を当てている。ほとんどの研究者は，結局，その警戒態勢は効果的であったと信じている。敵が好ましくない外交政策を取ることを思いとどまらせるために，核兵器を使用するもう1つの事例として見ている。しかし，この中東危機をそのように理解することは，さらに重要な問題を見落とすことにつながっている。

1973年には，イスラエルは，核兵器を保有していると広く知れ渡っていた。たとえ，イスラエルがそれを認めていなかったとしても，ニューヨークタイムズをはじめとする多くの新聞社が，その事実を報道していた。しかしながら，シリアもエジプトもその事実によってイスラエルに対しての攻撃を思いとどまることはなかった。一体なぜだろうか。シリアもエジプトも危機における危険な過程を熟慮してはいなかった。彼らは，戦争については熟考していた。果たして，イスラエルの核兵器による報復の危険は計算されていたのであろう。

核兵器は，通常，最後の手段として用いる武器であるとみなされている。領

土の最も狭い部分では，幅が15キロメートルしかないというイスラエルのような小さな国は，国家存亡の危機という脅威を感じるまでにそれほど時間はかからない。なぜ，シリアもエジプトもイスラエルが国家の存亡の危機を感じる，という危惧を抱かなかったのだろうか。つまり，最後の手段を使わざるを得ない状況に急速に達するような戦争で，攻撃を仕掛けた側が，核兵器による報復攻撃を予想して危惧を感じるというのは，当然なことではないだろうか。

　この事例における核抑止の機能不全に対して，さまざまな説得力のある理論的根拠を考えることは可能である。しかし，それが問題なのではない。問題は，この機能不全が広く議論されていないということである。この戦争の終盤で，当時のキッシンジャー国務長官により核の警告がなされたことは，学術論文で徹底的に検証されてきた[29]。しかし，さらに重要な抑止の機能不全――そして通常兵器による戦争の抑止に失敗したことは，重要な失敗であったと言わなければならない――についてはほとんど何も触れられていない。何百万人もの安全保障のよりどころとなっている核抑止論というものには，重大な欠陥がある可能性があるのだ。しかし，その欠陥は精密に検討されていないのである。

湾岸戦争

　最後に，1990年から91年にかけての湾岸戦争について検討してみよう。ケビン・チルトン司令官，元米国戦略核兵器司令官は最近，湾岸戦争の事例を核兵器が有効な抑止力となる例として挙げていた[30]。この証言は，またしても，ある事実は強調される一方で，ほかの重要な事実は無視されるという事例の1つである。湾岸戦争の準備として，米国国務長官ジェームズ・ベイカーは，イラクの指導者たちへの手紙の中で，もしも，生物・化学兵器が戦闘中に使用された場合，米国はすべての軍事力をもって報復すると警告した。この手紙は，一般的に，核による威嚇とみなされ，しばしば，核抑止の成功した事例として挙げられる。

　しかしながら，ベーカー国務長官の手紙は，砂漠に3本の赤線を引いた。つまり，3つの譲ることのできない条件を提示したのである。生物・化学兵器の

使用の禁止，油田への放火の禁止，テロリストによる米国およびその同盟国への攻撃の禁止，という条件であった。これらの条件のうち1つでも破られた場合は，すべての軍事力による報復を招くはずであった。イラク軍が生物・化学兵器を使用しなかったのは事実だが，彼らはクウェートの油田に放火した。そして，スカッドミサイルで，イスラエルの市民を攻撃した。3つの条件の2つを破っていたわけである。もしも，3つの目標を立て，1つを達成できたからといって，「素晴らしい，まったくの成功だ」と言えるだろうか。

結　論

　核抑止の歴史は曲解されてきた。核抑止が機能不全に陥ったことを示しているかもしれない事例は，目立たないように歴史の裏側で影が薄くなっていく一方で，他の核抑止の成功と言われる事例は，必要以上の脚光を浴びている。1950年代以降，抑止の理論と，そこから派生した学派は，外交政策の政策決定者の思考を形成する上で，非常に重要な役割を果たしてきた。有名な政治学者のロバート・ジャービスは，そのことを次のように述べている。「おそらく，米国の国際関係学の学派の中で，最も影響力がある」と。しかし，その学派の権威こそが，事実を理解する能力に悪影響を与えてきたのかもしれない。国際政治学者のリチャード・N・ルボウは強力な理論が，実態調査に及ぼす影響を精査してきた。

　　科学を冷静に理性的に観察する学者は，科学者は既存の枠組みにデータを入れ込もうとする傾向があると認めている。たとえ，その枠組みが事実を公正に評価していなかったとしても，である。研究者は理論を支持して証拠を推測する。理論は，いったん受け入れられると，どの事実に注意を払うべきかを決定する。米国の科学史家のトーマス・クーンによると，科学のいくつかの分野はそれぞれ，パラダイム（理論的枠組）によって支配されている。パラダイムとは，研究のための枠組みを構成する関連した概念の受け入れられた主要部分である。そのパラダイムは重要な現象を決定し，どういった説明が正しいか，ということも決定する。パラダイムは，また，無視されるべき事実や，解説の種

類を指定する。なぜなら，そういった事実はパラダイムの枠外にあり，規範から見れば，重要だと思われる問題とは無関係であるからである。パラダイムは研究者がパラダイムが期待するところのものと相容れない証拠を拒否することを条件付け，そういった証拠を誤解させ，意味を曲解させ，整合性をもたせ，説明させて，否定させ，また，単に無視させるようにしている。[32)]

ルボウがここで述べているような事象が，この章で述べられている冷戦中の危機に当てはまるのは明白のようである。不愉快な事実は，無視されてきており，核抑止が機能する，といったような概念を強化する傾向にあるこれらの危機の一部分が，前面や中心にすえられて，注目されている。核抑止をめぐる議論は，重要な事実を除外し，核抑止が成功したわけではないにもかかわらず，何の異議もなく，成功したと，皆が賛成しているように思い込ませているようである。[33)]

抑止力，いわゆる，通常の抑止力は時折，たとえ抑止が機能しなかった場合の結果が悲惨であるとわかっていても，機能しないことがある。泥棒の手首を切断するという刑罰が多くの国に存在している。しかし，人間はそれでも盗みを働く。中国では政府高官が，汚職のために死刑に処せられた。それでも汚職は，いまだに続いている。第一次世界大戦の火蓋が切って落とされた時には，この戦争が大陸全土を巻きこむことは予想できた。それにもかかわらず，人々は，自分自身を説得して戦争を始めさせる方法を見つけた。つまり，通常の抑止力は時には機能するが，ある時には機能不全に陥るのである。

核理論家は，核抑止は通常抑止よりも信頼できると主張する。彼らは，核抑止は特別な事例であり，ほとんどすべての場合において機能すると主張する。しかし，事例を見る限り，彼らの主張を裏づけることはできない。冷戦中の危機の記録は，核抑止は確実ではないということを示している。これは，深刻な事実である。なぜならば，もしも私たちが核抑止を信頼するのならば，核抑止は完璧でなければならない。[34)]核抑止はうまく機能する，というだけでは十分ではない。たった1つの機能不全でさえも，壊滅的な全面核戦争に発展する可能性を持つのであれば，核抑止は99.9％信頼できるものでなければならない。世界中の何百万もの人々の安心と安全保障が核抑止の上で，危険にさらされてい

神話 3　危機を回避する核抑止

るのならば，抑止は毎回機能するべきであるという主張もある。しかし，ここで述べてきたように，冷戦中の危機は，核抑止が何度か機能しなかった証拠を示している。これは，非常に深刻な問題である。防弾チョッキが，実は荒目薄地の棉布で作られていたようなものである。

人々が冷戦中の危機から学んだ教訓，つまり，核兵器は安定をもたらし，核抑止は確実に機能した，という主張は，どうも事実の裏づけがあまりないようである。それらの教訓はどちらかというと希望的観測であり，注意深く検証された調査結果ではないように見える。もしも核抑止が，冷戦中の危機において何度も機能しなかったとしたら，核抑止は通常抑止よりも信頼できるとは言えない可能性がある。もしも核抑止が容易に機能不全に陥るのならば，核抑止に頼った決定を安全保障のために行うということは，無謀でおろかな選択であると言わざるを得ない。

1) Glenn H. Snyder, "Deterrence and Defense," in Art and Waltz, *Use of Force*, p. 129.; George and Smoke, *Deterrence*, p. 11.; Schelling, *Arms and influence*, p. 69.
2) Rabe, "Cuban Missile Crisis Revisited," p. 59に引用。
3) Kennedy, *Thirteen Days*, 23頁．ただし Scott and Smith の "Lessons of October." を参照（ロバート・ケネディ著，毎日新聞社外信部訳『13日間　キューバ危機回顧録』中央公論社，14頁）。
4) Kennedy, *Thirteen Days*, pp. 69-71（ケネディ，56-57頁）．
5) Lebow, "Cuban Missile Crisis," p. 431.
6) Quinlan, *Thinking about Nuclear Weapons*, p. 27.
7) キューバミサイル危機の文献に詳しい学者は，恐らくこの時点で，私は Barton Bernstein をならってケネディを非難していると結論づけるであろう。（Bernstein の *Cuban Missile Crisis* を参照）。しかし，私はケネディの評判をおとしめようとしているのでは決してない。JFK は私が最も尊敬する大統領の1人である。もし私自身が JFK と同じ状況に立たされたなら，また，自分が努力して達成してきたものをすべて失うとだまされたり脅されたりしたならば，おそらく，JFK がとった行動よりもさらに信用を傷つけるような振る舞いをしていたであろう，というのは確かだと考える。私の推測では，ありとあらゆる攻撃目標を空爆していたであろう。ケネディのこの危機における態度は賞賛に値する。しかし私は歴史上におけるケネディの評価よりもさらに重要なことに興味がある。つまり，核抑止は機能するのかしないのか，という疑問である。私がそうであるように，ケネディがたまたま自分のお気に入りの大統領の1人であるということで，なぜケネディは抑止されなかったのか，という疑問を問いただすことができないのなら

ば，核抑止の有用性に対する公正な研究を行うことはできない。

8) Text of Soviet Statement Saying That Any U.S. Attack on Cuba Would Mean War, "New York Times", September 12, 1962. ソ連が出した声明は，「キューバに対する米国によるいかなる攻撃も戦争とみなす。」とある。ニューヨークタイムズ1962年9月12日。

9) Sorensen, *Kennedy*, p. 767（シオドア・C. ソレンセン著，大前正臣訳 『ケネディの道』 弘文堂）.

10) 同書，p. 795. McGeorge Bundy は，Sorensen がケネディの声明は核戦争を意味しているとは言っておらず，単なる戦争を意味しているのだ，と言っており，それは真実であることを指摘している。しかしながら，核ミサイルをめぐるキューバでの戦争で，しかも戦術核兵器が近辺に配備され，核兵器搭載のソ連の潜水艦がキューバ近海を巡回するような状況で，核戦争に至らないと想像することは容易ではない。Bundy, *Danger and survival*, p. 453. また，3分の1，あるいは2分の1は勝ち目がない，ということは真実なのである。しかし壊滅的な結果をもたらす核戦争では，どのようなリスクを冒すことも受け入れられない。

11) May and Zelikow, "Kennedy Tapes" を参照。核戦争勃発の可能性は頻繁に見受けられる。キューバ危機の最初の日だけでもかなりその可能性が見受けられた。次に挙げる発言を参照。「実際にキューバの国そのものを消滅させることで，キューバ問題を消滅させる。」p. 54.「全面戦争に突入するような状況に直面するだろう。」p. 56.「何も行動を起こさずに得ることができる利益と比較するならば，我が国が直面する危険のほうがはるかに大きいのであるから。」p. 59.「神様のまねごとをしているのは，敵方であり，私たちではない。」p. 88.「大切なことは，成功する確率ではない。人類全体に利益をもたらすのは結果である。」p. 112. さらに，危機が起こった第1日目の夕刻の会議では，エクスコムのメンバーはどのように危機がエスカレートして行くのか，その可能性を検討し始めていた。つまり彼らは危機が直接的に，核戦争に結びつく危険を考慮していたのである。次の発言を参照。「現在議論している軍事行動の選択肢のどれか1つをとったとしても，それが何らかの形で世界のどこかでソ連の軍事的報復を招くことはほとんど確実の様に私には思えた。その代償を払う価値は十分あるのかもしれない。」p. 87.「次に私たちが行わなければならないことは，政府として，起こり得る結果を考慮することである，と私には思える。」p. 96.「このような状況であるから，私は，今夜私たちは代替案と，起こりうる可能性のある結果をあれこれと考えて，紙面に残しておくべきである，と思う。」p. 99.「問題は，先制攻撃をした後に，何が起こるかである。奇襲攻撃を仕掛け戦争に突入する。すべてのミサイルを撤退させる。しかしこれで終わりではない。これは始まりなのだ。少なくとも私はそう思う。地獄のような状況になるほど，いろんなことが起こるだろう。」p. 115. キューバ危機の状況が進行するにつけ，大統領と統合参謀本部のメンバーとの間の議論はますます，この危機から発生した核戦争の危機をはっきりと描写する様になっていた。

12) 例えば，James Nathan の "The Heyday of the New Strategy", (Nathan ed. *Cuban Missile Crisis Revisited*) 参照。Scott and Smith の "Lessons of October," p. 661には，

神話3　危機を回避する核抑止

「米国の傾向として，核の優位性が将来起こりうるかもしれない米ソ間のいかなる危機においても米国が勝利するために，極めて重要であると認識していた。」と述べている。これらの主張には，歴史的な知識のはっきりとした不足が見られる。ケネディ政権は私たちが現在軍事の優位性に関して抱いている見解と極めて異なった見識を抱いていた。彼らは，情報活動によって得られた推定と最善と考えた推測に基づいて方針を決めていたが，今日の研究者は，ソ連の正式な公文書として公開された数字をもとにして，考察している。ケネディ政権はミサイルの数に焦点を当てる傾向にあったが，それは，爆撃機は撃墜できるかもしれないが，ミサイルに対する有効な防衛は存在していなかったからである。米国は爆撃機の数において，ソ連よりもかなり有利な立場にあった。しかし，地上発射のICBMという重要なカテゴリーでは，その優位性はわずか3.58対1であった。国家安全保障担当大統領補佐官のマクジョージ・バンディは，次のように記している。当時，政権は，ソ連は75基のICBMを保有していたと誤認していた。(実際には50基しか保有していなかった。)この誤認に基づいて計算すると，米国の優位はソ連に対して，わずか2.39対1であった。米国の学術論争でしばしば用いられる，米国がソ連に対して8対1の割合で核兵器の優位性を保っていたという主張は実際のところ，ケネディの見積もりでは2対1の優位性よりもわずかに米国にとって有利であるというにすぎなかった。

13)　Blight, Nye, and Welch の "Cuban Missile Crisis Revisited" p. 177参照。数多くのエクスコムに助言した政府要人，例えば，Roger Hilsman, Ray Cline, Raymong Garthoff, また，Paul Nitze もこの点に関して，多少なりとも同意していた。米国務省の Bureau of Intelligence and Research Director の Roger Hilsman は米国の核の優位性に半分だけ功績を与え，ソ連は通常兵器と戦略兵器（核兵器）の両方の脅威に直面したために引き下がったと書いている（Hilsman, *To move a nation*, p. 227.）。国務省の Raymond Garthoff は，「決定のバランス」が危機において重要な役割を果たし，米国の通常兵器の優位性は重要であったと主張しながらも，次のように記している。「それにもかかわらず，戦略兵器のバランス（核兵器のバランス）は疑いなく，ソ連の指導者を，たとえ，ソ連が決定的な通常兵器の優位性を保っていた状況であったとしても，攻撃してこないようにするには十分に説得力があった。例えば，ベルリン危機の状況などはそのよい例である。」（Garthoff, *Reflections*, pp. 145-46.）。国家安全保障会議報告第68号NSC68の主要な起案者であり，強力な軍事力の熱心な擁護者で国際安全保障分野の国防次官補であった Paul Nitze は，キューバ危機から25年後に，振り返ってキューバミサイル危機の決定要素について「それは私たちの疑うことのない，核兵器の優位性であった」と回顧している（Blight and Welch, *On the Brink*, pp. 147-48.）。キューバ危機の間 CIA の Directorate of Intelligence の指揮を執っており，エクスコムのアドバイザーであった Ray Cline は後に，米国の核の優位性が，核戦争が起こる危険性を1000分の1以下にしていた，と述懐している（Cline, "Commentary," p. 191.）。そして，数多くの政権からすでに引退している人々もそれに同意していた。ニクソン政権とフォード政権の下で国務長官を務め，また，当時はハーバード大学の防衛学研究プログラムの所長をしていたヘンリー・キッシ

ンジャー氏は，危機の1カ月後に次のように記している。「米国が通常戦争で勝利できるという事実だけでは，キューバ危機は，それほど早く，また，決定的に終わっていなかったであろう。もしも米国が先制攻撃を行い，ソ連に対して，たとえそれが奇襲攻撃による被害で，耐え難いほどの打撃を与えることができたとしても，このような結果は望めなかったであろう。私たちの抑止力に対する信頼はソ連よりも優れていた。」(Kissinger, "Reflections on Cuba," pp. 21-24.)

14) Blight, Nye, and Welch, "Cuban Missile Crisis Revisited," p. 174.

15) エクスコムに参加していたほとんどの上級高官は，米国の核の優位性が決定要因であったことを否定している。1982年に出版された回顧録の中で，彼らは，次のように，述懐している。「米国の核の優位性は私たちの見解では，重要な要因ではなかった。つまり核戦争は戦争を行った双方に先例のない壊滅的被害を与えていたかも知れないという認識が，1962年にはすでに，根本的で支配的になっていたからである。」Rusk et al., "Essay." エクスコムの主要メンバーの中には，核の優位性はキューバ危機における重要な要因であったと主張したものは1人もいないということは，興味深い注目すべき点である。その一方では，関係者で，その共同声明に賛同していたものは，すべて，主要メンバーであったということも興味深い。この事後の声明がキューバ危機当時のエクスコム参加者の見解と整合しているという証拠がある。例えば，McNamaraは，1962年10月16日火曜日の最初の会議の席上，キューバに配備されていたミサイルは軍事バランスに影響はしないと強く断言した。Theodore Sorensenはキューバにミサイルが配備されているのが発見された2日後に覚書を提出した。そこには次のように論じられている。「これらのミサイルは，たとえ，完全に実戦配備されたとしても，それほど根本的に，軍事バランスを変えてしまうということはない。」(Sorensenの "Memorandum For the President." 参照) また，エクスコムが核の優位性について語らなかったという事実は，注目すべきである。核戦争が始まるかもしれないという危険は幾度となく訪れた一方で，米国の核兵器の優位性の重要性は語られなかった。

ケネディ大統領自身，キューバミサイル危機に関して，彼自身の見解の決定的な理由を語らなかった。しかしながら，大統領の見解を示す2つの間接的な証拠が存在する。側近の1人が次のように報告していた。「翌朝，大統領は，私に，この経験から，われわれがロシア人と交渉するときにはタフになるだけで良い，そうすれば相手は折れると，人々が結論付けるのではないかと恐れていた。キューバミサイル危機は，3つの示唆的な特徴を備えていると，大統領は指摘した。つまり，1つには，この危機は米国が通常兵器の優位性を保っている地域において発生したということ，2つ目はソ連の国家安全保障が直接に関与していない地域で発生したこと，そして3つ目はロシア人が，世界の面前でもっともらしく持ちこたえることができる事例を欠いていたところで発生したということであった」(Schlesinger, *A Thousand Days*, p. 759 (A.M. シュレジンガー著，中屋健一訳 『ケネディ：栄光と苦悩の一千日』 河出書房新社))。興味深いことに，ケネディは核の優位性については言及していない。

Sorensenはまた，ケネディが1963年のアメリカン大学での演説の中で，キューバミサ

イル危機の教訓的な話をした時に，それは核の優位性の重要性ではなかった（Sorensen, *Kennedy*, pp. 782-83.）。

16) Bundy, *Danger and Survival*, p. 448. Garthoff の言葉では，「壊滅的な核戦争における報復能力における均等性は，すでに，ソ連と米国の手中に収められていた。」とある（Garthoff, *Intelligence Assessment*, p. 24.）。

17) 「同等性がソ連の優勢に道を譲ったのかどうかという微妙な質問は，それゆえ，いつ同等性が達成されたのか，ということ次第であった。つまり，同様に，どのような同等性のことを論じているのかということ次第でもあった。もしも，それが，相互の，受け入れがたい被害に対する脆弱性のことを意味しているのであれば，同等性は1950年代半ばに，もう達成されていた。もしもそれが，市民の被害のレベルが同じようになるということを意味するのであれば，同等性は1970年代初頭に達成されていた。もし，ミサイルや運搬手段の能力が対等になることを意味しているのなら，1970年代半ばまでに達成されていたことになる。もしも戦力全体の均衡をまたは，報復能力のことを意味しているのならば，1970年代後半までに，同等性は確立されていた。」Betts, *Nuclear Blackmail*, p. 188.

18) 歴史家の Marc Trachtenberg はキューバ危機の重大局面の間中，米国の核兵器戦力が警戒態勢におかれていたという事実を示す議論を展開していた。Trachtenberg は米国の核の優位性が米国の取った行動に与えた影響について，どのように考えたとしても，「ソ連は大いにその，戦略的劣勢に影響されたようである」と主張している。彼は，自身の主張を次の証言を持って，サポートしている。つまり，米国が自国の核戦力を警戒態勢に置いたのに対し，ソ連は警戒態勢には置かなかった，と。Trachtenberg の "Influence of Nuclear weapons," p. 163参照。同じ論文の p. 152で彼は空軍将軍の David Burchinal がソ連人は銃を自分の頭に向けて持っていると語っていることを引用している。もしも，それが真実だったとしたならば，これは，危機において，核の優位性が影響を及ぼしている，との証拠になりうる。しかしながら，Burchinal の証拠というのは，当初から，疑念に満ちている。まず，彼がケネディ政権に対して抱いていた嫌悪感と，政権のこの危機に対する対処の仕方に関する，彼の明らかな怒りが，彼に事実を曲解する強い動機を与えている。第2に，Burchinal は起こりえなかった出来事を報告している。彼自身の重大な危機の局面の説明の中で，マクナマラ国防長官が恐怖のために，顔面蒼白になり，「大統領はロシア人とホットラインで話すべきだ！」と叫んで，部屋から駆け出していった，と語っている。物語的な話としては，これは，刺激的で，また，マクナマラの評判を貶めるような内容である。しかし，そのホットラインというものは，このキューバ危機がきっかけで導入された制度であり，この危機が終わるまでは存在しなかったのである。つまり，Burchinal が描写していることは事実とは異なる。こういった問題は Burchinal の証言の信憑性，価値を低くしている。しかしながら，さらに重要なことは，最近，この問題に関する新しい証拠がロシア側から出てきて，明白にこのBurchinal の主張を無意味なものにしている。「戦略核兵器に関する任務についていたソビエトの元将校が次のように発言した。ソ連の ICBM の警戒態勢と，長距離核兵器搭載

爆撃機が平時の日常的体制から，中間のレベルにまで引き上げられ，そして，キューバ危機の重大局面の短期間，戦闘準備体制にまで引き上げられていた。この体制は核弾頭がミサイルに搭載されている状態である。」(Scott and Smith, "Lessons of October," p. 672.)

19) Trachtenberg, "Influence of Nuclear Weapons," p. 147.
20) Dobbs, *One Minute to Midnight*, pp. 254-75（マイケル・ドブス著，布施由紀訳 『核時計零時1分前：キューバ危機13日間のカウントダウン』 日本放送出版協会）.
21) 同書，pp. 297-303，および，pp. 317-18.
22) 同書，pp. 230-37，および，pp. 241-42.
23) 同書，pp. 124-125, pp. 205-6, pp. 248-50, pp. 351-52.
24) ケネディ大統領のアメリカン大学卒業式での演説参照1963年6月10日。
25) 例えば，Gaddis の *The Long Peace* 参照。
26) 歴史家がこのキューバ危機を論じる典型的な方法は John Lewis Gaddis に見られる。Gaddis は B29 の英国への再配備によってもたらされた暗黙の脅威を強調し，そして，ソ連が米国の核兵器独占状況にはまったく影響されず，ソ連が危機的状況を招いたかもしれない出来事を仕掛けたということは完全に無視している。Gaddis は，脅威はその脅威の目的を再定義することにより機能すると主張する。そして，彼は，筆者が理解する限り，いかなる証拠も用いずに，その主張を行っている。Gaddis は再配備を行った時点では，ベルリン封鎖を解除することは，明確ではなかったと主張している。彼が主張するには，B29 の再配備の目的は，「ロシア人がベルリンの空輸を妨げないようにするためである。」ということであった (Gaddis, *The long Peace*, p. 110)。もしも脅威を与える目的が，ベルリン封鎖を解除することであったのならば，そしてそれは，理にかなった仮定であるが，とても脅威が決定的に機能したとは，言えなかった。ベルリン封鎖はその後さらに6カ月続いたのである。しかし，ゴールポストを動かし，再配備の目的が空輸を妨げないようにするためとすることにより，Gaddis はこの脅威を成功したものと再定義している。
27) Gaddis, *The Long Peace*, pp. 120-21 and p. 110. また，Dingman, "Atomic Diplomacy," pp. 54-55参照。
28) 再び，Gaddis の *The Long Peace* を参照。この核の脅威の正当な対処の仕方について。Gaddis は，ベルリン封鎖の間英国への爆撃機の再配備については，重要視していたが，彼は，太平洋への B29 の再配備については言及することを怠っている。この再配備をもってしても，中国人が米軍に対して宣戦布告を行い，戦うことを止めることができなかったのである。第5章の "The Origins of Self Deterrence," pp. 104-46参照。ここでも再度，抑止の成功は目立って議論されている。失敗はひっそり注目されていない。
29) 例えば，Barry M. Blechman and Douglas M. Hart の "The Political Utility of Nuclear Weapons：The 1973 Middle East Crisis," in Lebow and Stein, *We All Lost the Cold War* 参照。
30) Chilton and Weaver, "Waging Deterrence."

31) Lebow, "Cuban Missile Crisis," p. 457. Michael Quinlan agreed, writing, "Libraries-full of writing have accumulated about deterrence theory centred upon nuclear weapons" (Quinlan, *Thinking About Nuclear Weapons*, p. 20).
32) Lebow, "Cuban Missile Crisis," p. 457.
33) 「抑止が機能しなくなったとき，分析家は理論を非難しない。しかし，抑止を実施しようと試みた政策立案者は，どういうわけか，彼らは，十分な信憑性を彼らの公約に与えることに成功しなかった。おそらく，これは，キューバミサイル危機で起こったことを説明している。分析家は，支配的な規範の枠の中で研究をし，事例を理論と整合性のあるようにするために，ありとあらゆる努力をしてきた。結果として，その規範は，彼らの注意を，その危機に関してさらに興味深く重要な問題からそらしてしまった（同書）。
34) 私は，パトリシア・ルイス博士に対し，この議論に注意を払うように促してくれたことに恩義を感じている。

神話 **4**

核兵器は安全の守護者

　第二次世界大戦以後の，長期にわたる「大規模な戦争の不在」の時代を可能にしてきたものは何だろうか。米国とソ連は，45年以上にわたって対峙しつつも，実際に戦火を交えては来なかった。この期間，ヨーロッパもまた，かつてないような平和の時代——少なくとも，それまでの激動の歴史のいくつかの時代と比較すれば——を経験していた。このような，異例ともいうべき平和の時代は一体何を意味するのだろう，と誰もが首をかしげる。単なる僥倖というべきものか。人間の本質が変わったのか。それとも，戦争をめぐる決定に影響を与えるような重大な要素に何らかの変化があったのだろうか。

　よく言われる答えの1つは，核兵器が一般的には安定を生み出し，より大きく言えば平和を促進している，というものである。とりわけ核兵器が危機に際し安定をもたらすと考える人々はそう答える。核抑止とは相手に何かを強いたり，行動を思いとどまらせたりするだけでなく，大規模な戦争をも防ぐことができるのだ，と彼らは主張する。

　こうした主張には，一定の合理性があるようにも見える。実際，多くの人々が，過去60年以上にわたる平和こそが，核抑止力の有効性の揺るぎない証左であるととらえている。しかし，この主張にはいくつかの問題点がある。第1に，何かが起こらなかったことを根拠として，何かを証明するということは，一般的に考えられているよりも難しい。第2に，こうした平和の時代について十分に説明し得る他の要素が存在している。そして最後に，ヨーロッパにおいては，これまでも長期にわたり主要国による戦争不在の時期があったことがわ

神話4　核兵器は安全の守護者

かっている。つまり結局は，平和が続いた理由を確実に証明できる証拠はないということである。

長い平和

　歴史家のジョン・ルイス・ガディスは，1986年に"International Security"誌で発表した「長い平和（ロング・ピース）」と題する画期的な論文と，それに続く同名の著書の中で，過去数十年にわたる平和をもたらしたものは核兵器にほかならない，と強く主張した。1946年から1986年までの41年間にわたって米ソ間の大戦は勃発しておらず，こうした戦争の不在について他に説得力のある説明がないことから，これこそが核抑止力が有効であり，平和の維持に欠かせない要素であることの紛れもない証明である，とガディスは論じた。言うなれば，核兵器の存在なくして「長い平和」は説明できない，ということである。ガディスがその論文を発表して以降も，「長い平和」は65年にわたり続いている。

　ガディスの主張は，いくつかの論点で成り立っている。簡単にまとめると，2つの大国による二極構造は，3つあるいはそれ以上の大国が併存する状態に比べて安定性が高いが，経済関係や文化交流を密にしていくことが戦争防止につながるとの古典的自由主義の主張は間違いであり，戦争不在の説明とはならない。また，国内の政治経済をめぐる要素は「長い平和」の原因とは言えないとした。さらにガディスは，戦争に発展してもおかしくなかったが，そうは至らなかったという危機のケースを列挙し，核兵器の抑制的な影響についての推論を組み立てた。その結論とは，「核抑止は，ポスト第二次世界大戦の国際システムが維持してきた，最も重要な行動メカニズムである」というものである。

　欧米の人々の経験を「長い平和」と言いあらわすことは妥当である。だが，この同じ年月が，すべての人々にとって揺るぎない平和の時代であったかと言えばそうではない。ユーゴスラビアは分裂後，10年にもわたる紛争の時代に入った。米中の二大国は実際に朝鮮戦争を戦った。核保有国間の小規模の国境

99

紛争もたびたび発生した。1969年にはソ連軍と中国軍が衝突したし，インド・パキスタン間には幾度となく危機が生じている。ヨーロッパとアジアからもっと広い世界に目を向ければ，そこにはさらに多くの暴力が存在していた。コンゴでの10年にわたる内戦は100万人以上の犠牲を生んだ。カンボジアやルワンダでの虐殺は何百万もの人々の命を奪った。欧米の視点からは，しばしばこれらの暴力の存在が抜け落ち，「67年にわたる平和」と簡単に片づけられることがある。とはいえ，ガディスはおおむね正しいことを言っている。すなわち，過去70年にわたって第三次世界大戦は起きず，人類は大規模な戦争を経験していない，という点だ。

　ガディスだけではない。多くの社会科学者，政府関係者，国際関係論専攻の学生らが，過去何十年が示しているものが重要な変化の明白な証拠であると考えている。多数の人々が，「長い平和」こそ，核抑止が大規模な戦争を防いできたことのゆるぎない証拠であるとみなしている。「長い平和」は核兵器の存在によってのみ説明できる，と彼らは言う。確かに，過去67年にわたる平和には一考の価値があるが，それが核抑止の効果であるとの説にはいくつもの疑問が残る。

火山の乙女

　問題点の1つは，何十年にもわたる平和を抑止が機能したことの証左とするには，「存在しないこと」による証明をしなければならない，という点である。「存在しないこと」による証明は，断定が困難であることから，一般的に信頼性が低いと考えられている。主張を証明する論理展開には複数の方法があり，例えば演繹論的証明，帰納論的証明，近似の状況からの類推等が挙げられる。しかし「存在しないこと」による証明はとりわけ困難と言える。なぜなら，その結論を導いた原因が他には存在しないと断言できる場合にしか本当に証明が成立したと言えないからである。例を挙げてみよう。マリーが最後の1枚のクッキーを食べたと仮定する。最後のクッキーが消えた時点で，キッチンにいたのが確実にマリーだけであれば，この仮定は真実となる。しかし，もし

他の誰かがキッチンにいた，あるいはいたかもしれない，となると，もはや証明は不可能である。実はリスがキッチンに侵入してクッキーを食べた可能性だって否定できなくなってしまうからだ。人生というのはそもそも多変量的なものである。1つの出来事に対して，その原因となり得ることは数多く存在する。「存在しないこと」による証明のハードルはとても高いのだ。それは一般的に証明における最後の手段であり，もっと別の証明法が使えない場合にのみに用いられる性格のものである。

　さらに，「存在しないこと」による証明はとりわけ悪用されやすい。「起きなかったこと」の原因が何であったかを正確に証明することは困難だからである。ずる賢く，いいかげんな人々は，この「存在しないこと」による証明を用いて特定の事象を「証明」しようとする。架空の物語であるが，「火山の乙女」を例に挙げてみよう。ある年，火山が噴火し，人々は恐れおののいた。その翌年，宗教指導者が人々にこう言った。火山の神様の機嫌を損ねないためには，乙女を火山に放り込まなければいけない。人々はそれに従った。するとその年，火山は爆発しなかった。宗教主導者はこれを「証拠」として，乙女を放り込むことで火山を「鎮めることができた」，と胸を張った。その後人々は乙女を毎年火山に放り込んでいる。火山の噴火は起こっていない。彼らは納得顔でうなずき，噴火が「存在しないこと」によって乙女を犠牲にすることの効果は証明されている，と言うのだ。[5]

　架空の話ではあるが，あながち的外れとも言えない。現代社会において，「存在しないこと」による証明を用いることは，重大な案件を前にしては容認できるものではない。例えば薬のことを考えてみよう。中皮腫という珍しい癌の一種がある。これを予防する新薬を発見した，と誰かが言ったとする。それが正しいかどうかを証明するために，その発見者は慎重に100人にそれを投与し，人々の健康状態を追跡調査した。5年後，被験者は誰も中皮腫を発症しなかった。被験者が癌を発症しなかったことは事実である。しかし米国連邦厚生省やその他の権威ある医療機関は，この事実をもって，新薬の中皮腫の予防効果が証明できたと認めるだろうか。

　生死にかかわる問題であるために，各国政府はいかなる新薬の試験に対して

も入念な手順を定めている。新薬が一般向けに承認されるまでには、何千人もの患者を対象にした、広範にわたる、厳重な、二重盲検が要求されている。死活問題であるからこそ、「存在しないこと」による証明では不十分であるとして、各国政府はこれらの法を定めているのだ。

これと同様に、航空機の安全性も人々にとって重大な問題である。世界のあらゆる場所で、念入りな整備と実験がスタンダードである。1人の女性が、金属疲労を防止できるとして、ある装置を持ってきたと想像してほしい。金属疲労とは、老朽化が機体に影響を与える状態のことである。女性はその装置が、「今まで知られていなかった音波の一種を発生している」本物であると主張するのだ。彼女には米連邦航空局に勤めている友人がいて、その装置が10台、航空機に1年間搭載されている、と女性は主張した。1年が経っても、それらの航空機のいずれもが金属疲労を原因とする墜落事故を起こしてはいないとして、女性はテレビ番組に出演し、その成功を主張する。航空機の墜落が「存在しないこと」が自分の装置の有効性を証明している、と女性は言い張ったとして、もし航空会社が金属疲労対策として現在行っているメンテナンスや実験を中止し、代わりにこの装置に頼ることを決めたとしたら、あなたはその航空会社の飛行機に乗りたいと思うだろうか。

大国の間で、あるいはヨーロッパにおいて67年間にわたって大規模な戦争が勃発しなかった事実は、「確かに何かがあったこと」の証明にはなる。それは何かを証明している。だが、もしそれがあなたの生死を左右するようなものであれば、それに依拠したいとは思わないだろう。新薬、航空機の安全性、あるいは重大な損害を被るリスクが明白な事態において、「存在しないこと」による証明を受け入れることはできない。それは信頼に値しない証拠なのだから、当然のことだ。何百万人もの命を危険にさらすような状況において、そのような不確実な証明を受け入れようと思う人がいるだろうか。

その他の理由

「存在しないこと」による証明が成立するには、その結果をもたらした可能

性のあるその他すべての選択肢が特定され，かつ除外されなければならない。「長い平和」に関連して言えば，戦争が起こらなかったことを説明するもっともらしい理由はいくつも存在する。わかりやすい例を5つほど挙げてみよう。

①疲弊と注意逸脱

　第二次世界大戦において，ロシアはおよそ2,700万の人命を失い，その産業力の30〜40％が壊滅的被害を受けた。これにより，少なくとも戦後の2, 30年は厭戦気分にあったのではないか。さらに，米ロ両国ともに，お互いに戦争をしているどころではない，一連の出来事にかかりきりになっていった。1979年を境に，ソ連はアフガニスタン戦争への関与を開始し，続く9年にわたって何十万人もの兵力を投入することになった。1980年代初頭には，ソ連は指導者の急な交代（アンドロポフとチェルネンコ）による混乱に見舞われた。1982年には原油価格が暴落し，ソ連経済に大きな負担を強いた（1989年のソ連解体が主としてこれに起因するとの見解もある）。

　米国に関しても，戦争を遠ざけるいくつもの出来事があった。1950年代後半，国家の関心とエネルギーは公民権運動への対応に向けられ，それは10年以上も続いた。1964年から68年にかけては，米国のさまざまな都市で暴動が毎夏のように発生した。そして1965年からは米国はベトナム戦争の時代に突入していく。最大時には50万人の兵士が現地に送られていたのである。

②経済的つながりの強化

　ガディスは平和をもたらしたのが経済的つながりの強化であるという説を一蹴したが，ヨーロッパにおいて人類がかつて経験したことのない経済統合が進展していることは事実である。その歴史を通して多くの戦争を経験してきた彼の地は，いまやヨーロッパ連合として，独立国家の集合体というよりも，むしろ連邦国家，あるいはもっと言えば緩やかに統合された単一国家と化している。こうした史上稀に見る統合は，米ロが実際に戦火を交える可能性のあるヨーロッパにおいて，戦争勃発の可能性に間違いなく影響を及ぼしている。

③同盟関係

　ヨーロッパは，人類史上最大かつ最も安定した2つの同盟の舞台となった地域でもある。北大西洋条約機構（NATO）とワルシャワ条約は，その規模，統合の範囲，持続性といった面で群を抜いていた。核兵器が仮に存在しなかったとしても，これらの巨大かつ強力な同盟関係の存在は，開戦するか否かの国家の決定に少なくない影響を与えてきているだろう。

④国際条約・機構

　さらに，ポスト第二次世界大戦の世界においては，かつてないほどのさまざまな国際機構や条約が生まれた。国連は平和と国際協力に向けた努力を継続している。海洋利用，大気汚染，貿易，その他多くの共通の懸念事項に関して各国はさまざまな条約を締結している。こうした条約や国際機構の有用性を否定することは簡単である。しかし，戦争か平和か，という選択において，こうした条約や機構が緩衝効果をもたらすということは十分に考えられる。

⑤平和の時代

　最後に，歴史においては単なる平和の時代というものが存在する。1815年から1848年までの33年間，ヨーロッパは比較的平和な時代にあったが，もちろんこれは核兵器の恩恵によるものではない。古代エジプト人は200年に及ぶ継続的な平和を享受していた。ラテンアメリカでは，過去70年にわたり，地域国家間の戦争が勃発していない。平和の時代が例外的なものではないことを考えれば，米ロ間における戦争の不在について，特別の説明を見つけなければいけないと焦る必要もないのではないだろうか。現在の平和も単に，これまで人類が幾度となく経験してきた平和の時代の1つとも言えるのではないだろうか。

「良い方」の天使

　「長い平和」の議論をめぐるもう1つの重要な問題を，ハーバード大学の心理学教授であるスティーブン・ピンカーが近著『暴力の人類史』で指摘してい

る。伝統的なリベラル論の主たる主張（700頁にわたる）を要約すれば，「文明の進展は我々をより高潔な方向に向かわせている[6]」というものである。彼の著書には，統計的な情報と興味深い議論が詰まっている。歴史の流れにおいて，暴力は全体的に減少傾向にあり，そのことを示す相当量の注目すべき証拠がある，とピンカーは主張する。

「長い平和」を扱った章において，ピンカーは，第二次世界大戦以降の平和の時代をもたらしたのは核兵器ではなく，人間社会の漸進的な変革であると述べている。ピンカーの説は正しいかもしれない。漸進的な変革をめぐる議論は本書のテーマの範囲を超えているが，ピンカーの議論を基に，核兵器が平和の時代の理由ではないとの推論を確立させる人々が現れるかもしれない。戦争の起こる可能性が低い現在の世界において，なぜこのような過去の遺物の兵器について再考する必要があるのか，と彼らは言う。もし人間が段階的に暴力の放棄に向かっているのであれば，もはや核兵器について心配する必要性もない。核兵器はおのずと消滅していくであろう。だがこのような自己満足的な思考には3つの問題が指摘できる。第1に，ピンカーは慎重かつ適切に，自らの議論が長期的傾向を論じたものであることを強調している。全体的な傾向として暴力が減少するにしても，その道のりにはしばしば突発的な暴力が存在しうる。ピンカーは戦争が——壊滅的な戦争を含め——もはや起こり得ないと主張しているのではない。

第2に，ピンカーの著作は，暴力を一般的に扱っている。それはレイプ，殺人，他の個人間の犯罪であり，国家間の暴力ではない。彼が戦争を論じている箇所も，内戦，革命，さらには虐殺のデータも織り交ぜて分析がなされている。この流れにおいては暴力一般に関する彼の結論を補強するものとなっているが，国家間の戦争についての結論を導くことは困難である[7]。

第3に，彼の論拠の多くは過去60年の出来事に基づいている。ピンカーはこの期間における戦争の数およびその激しさは驚くほど低下していると述べている。第二次世界大戦のような大規模戦争は勃発しておらず，より規模の小さい紛争の数も減少している。加えて，彼は，民主主義国家が他の民主主義国家との戦争を好まないデータ上の傾向があるという点を指摘している。

私自身，ピンカーの全般的な主張にはある程度納得しているが，「長い平和」に関する彼の説明には説得力をあまり感じていない。ピンカーのアーノルド・トインビーに対する反論に，私が感じている違和感が要約されている。トインビーは著名な英国の歴史家であり，12冊からなる彼の著書『歴史の研究』[*1]は文明の盛衰を検証したものだ。よく知られているように，今後さらに暴力的な戦争が起こる可能性の有無について，トインビーは悲観的な見解を述べていた。ピンカーはピュリツァー賞受賞の心理学者であり，ピンカーが自身の得意分野である心理学を用いてトインビーの説を否定したとしても不思議はない。ピンカーは，トインビーが戦争勃発の可能性について悲観的見方をすることについて，認知心理学者が言うところの「利用可能性ヒューリスティック」という落とし穴にはまっていると述べている。「利用可能性ヒューリスティック」とは，人々が何かの判断を下す際に，あらゆるデータを検討するのではなく，自分の覚えていることに依拠することや，印象に残った一部の事例（時には一番最近に起こったこと）のみを記憶に残す傾向があることを言うものである。トインビーは今後いっそう暴力的な戦争が起こり得ると確信していたが，それは彼が執筆活動を1950年代に行っており，第二次世界大戦という近年の大惨事が彼の心理に大きな影響を与えていたからだ，とピンカーは主張する。[8]

　ピンカーは今日の世界における最も影響力のあるサイエンス・ライターの1人であり，心理学で裏打ちされた彼の議論は信頼性がある。しかし，もしトインビーが存命で，自己弁護できたとすれば，今度はトインビーの得意分野でピンカーを反対にやりこめていたかもしれない。トインビーの歴史家としての強みは，広範な歴史についての著述があることである。彼は特定の時代の専門家ではない。トインビーは歴史家が最も良く知っていることを十分に認知していた。それは「歴史は長い」ということである。ある特定の時代について導かれる結論が他の時代においては当てはまらないということはよくある。歴史は複雑かつ広範であり，1つの時代の真実が歴史全体で見れば適用できないことから，歴史家は「謙虚さ」を学ぶのである。

[*1] A・トインビー著，長谷川松治訳 『歴史の研究　1・2・3』　社会思想社

ピンカーのトインビー批判と，彼の「長い平和」に関する結論をめぐる最大の問題は，戦争の時代の方がはるかに長いということだ。歴史を通して，戦争は絶えず人間とともにあった。集団的暴力が，私たちの初期の文字記録より以前にさかのぼることを示す重要な考古学的証拠も見つかっている。私たちの扱っているこういった事象は，少なくとも6000年の歴史を持っているのだ。傾向というものはある時点から始まるものであり，傾向における最初の証拠は過去からの劇的な転換である場合が多い。60年間の証拠に基づいて広範な結論を論じることは，全データのわずか1％を根拠に結論を出すことを意味する。データの1％を基にして，ある傾向を見つけた，と主張するに等しいのである。とりわけ，人間の本質に深く根付いた現象を扱うにおいて，これは無謀といえるのではないだろうか。トインビーは，傾向を論じるに1％の証拠では不十分であると認める謙虚さを持っていたであろう。

　「長い平和」は，私たちのごく身近な歴史の一部であるために長く感じられる。私たちの父母あるいは祖父母世代の経験であるからだ。だが人類史全体から見れば，過去60年間はあっという間である。「長い平和」は，戦争の歴史に照らし合わせれば，実際のところ「短い平和」に過ぎない。「長い平和」を重視しすぎることは，「利用可能性ヒューリスティック」の罠に陥る危険性を孕んでいる。平和に向けた進歩は，戦争という棘が刺さっているギザギザの道になりうるといったピンカーの指摘は正しい。減少傾向は長い時間枠においてのみ顕れてくる。短期間の戦争や紛争が起こる可能性はある。相当にあると言ってよい。再び大規模な戦争が起こる可能性がないとは断言できない，というピンカーの指摘は正しい。短期的な証左を基に長期的な現象について判断を下すことは良い考え方とは言えない。

ビクトリア王朝の人々

　過去70年にわたる平和から結論を導くことに慎重を期すべき最大の理由の一つとして，それ以前の平和の時代においても人々がさまざまな予言をしていたことが挙げられる。こうした予言は自信に満ちていたし，有無を言わさぬ統計

的証拠により裏づけられてもいた。それらを提唱していたのは，まじめな，知的で，善良な人々であった。しかし彼らは大きく間違っていたのだ。

1890年代後半と1900年代初頭において，ビクトリア王朝は長きにわたる平和を享受していた。

> ワーテルローの戦いから第一次世界大戦までの99年間，ヨーロッパにおいてはほとんどの戦争が短期決戦であった。普墺戦争はその世紀における最も注目すべき出来事の1つであるが，それもまた，短期戦争の増え続けるリストの1つにすぎない。1880年代になると，セルビア・ブルガリア間の激しい2週間戦争のように，戦争はさらに短いものとなった。1890年代には，ギリシャとトルコが国境近くの丘陵地帯で戦ったが，多くの外国人特派員が戦線にやっと到着した時には，30日戦争の終了を告げる外電を自国に向けて打つのがやっとであった。[9]

この現象を理解しようとした，すなわち，過去のおなじみの繰り返しがなぜ不可解にも破られたのかを解明しようとしたビクトリア王朝の人々は，技術革新にその説明を見出した。蒸気船，列車，電報といった産業時代の新しい機械が戦争を変化させたのだ，と彼らは結論づけた。新しい兵器は長期にわたる戦争を過去のものにした。1866年と1870年のプロイセンによる電光石火の勝利を待つまでもなく，人々は，産業の発展によって長期的かつ破壊的な戦争はもはや不可能になったと信じるようになった。

ビクトリア王朝の人々は，商業や金融の世界における変化もまた，破滅的な戦争の可能性を低下させたと考えた。銀行取引や金融は，長期的な戦争に耐えられない「脆弱なシステム」とみなされた。同様に，ヨーロッパの国々は商取引を通じてこれまでになく複雑に絡み合っている，と専門家は指摘した。商業を妨害することは国家の耐久性を制限するものであり，よってもはや長い戦争はできなくなったのだ，と彼らは主張した。

最後に，ビクトリア王朝期のまじめな識者の多くは，ヨーロッパが経験しているものは文明開化，すなわち戦争のような卑しい人間行動からヨーロッパを解放すべく，思考や価値を自由に解き放つことであり，これが平和の到来をも

たらしたと考えていた。ある歴史家は次のように述べた。「1815年から続く平和が単なる活動休止にとどまらなかったのは，主として文化，慣習，法，風習の賜物であった。これらはヨーロッパで発展したものであり，18世紀の偉大な哲学，文学，芸術作品において，その力強く，影響力のある表現を見つけることができる」[10]。

それまでに起こった戦争の短さは，彼らには「ヨーロッパの好戦的な精神が減退している証左」であると映った[11]。ビクトリア王朝の人々にとって，平和を志向し，戦争を回避しようとする傾向は自明であった。1911年，国際法の権威であるトーマス・バークレイ卿が「ブリタニカ大辞典」に平和に向けた見通しは明るいと書いた。このような進展は米国においても見られる，と彼は主張した。軍隊がヨーロッパの至るところで訓練を行っていたという事実は不安材料ではなかった。なぜなら，市民は戦争とともに，従順であることを学んでいたからである。平和と国際合意に関する会議の数は，戦争は究極的には根絶されるであろうとの彼の予言へとつながった。戦争は「進歩的な人々の間では，国内の福祉を促進するために国家が必要とする，人類の調和や一致の単なる偶発的な混乱である，とみなされるようになるだろう」[12]。

19世紀が近づくころ，ヨーロッパに住むビクトリア王朝の人々は，自らの礼儀正しさや良い風習を誇りに思っていた。植民地（好戦的な未開人）では争いがあるかもしれないが，ヨーロッパにおいてはそのような野蛮な戦いは二度と起こらないであろう。私たちははるかに進化を遂げてきたのだから，と彼らは言った。私たちの商業的な利害関係はあまりにも複雑に絡み合っている。1600年代あるいはナポレオン時代にヨーロッパ全体が飲みこまれたような，残酷で荒々しい戦争を行うには，私たちは高い教育を受け過ぎているし，あまりに文化的であり過ぎる。かつてのような大規模戦争の時代は永遠に去ったのだ，と彼らは自信たっぷりに，そして満足げに言い切ったのであった。

平和や発展をめぐって昨今言われている表現は，不気味なほどに，今は亡きビクトリア王朝時代の人々の言葉と重なって聞こえる。今日，一部の学者や政府官僚からは，世界が決定的に変わったという言い方がされている。戦争が起こる可能性はもはやない，私たちが心配すべきはテロと内戦だけである，とい

う風に。たとえば，核兵器を研究しているフランスのある学者は，国の姿勢に関して抜本的な変化がみられるとし，「近年における近代国家は，1945年の時点に比べて，人間苦や破壊に対する耐性が低くなっている」と主張する[13]。また，英国のある将軍は，大規模な戦車戦を含むような戦争が行われなくなったことについて，次のように述べている。「機甲師団が投入されるような戦争は，もはや現実的ではない。このことは大部隊や多量の兵器を用いる大規模な戦争が不可能になったということではないが，意図の面でも実行の面でも，いわゆる近代戦とはならないであろうことを意味するものである。近代戦はもはや存在しないのである」[14]。あらゆる立場の人々が，長期的かつ破壊的な戦争が再び起こることはないし，そもそも不可能である，と自信たっぷりに言うのだ。

ビクトリア王朝の人々は（私たちと同じく），長きにわたる平和の時代がなぜ到来したかの理由を知っている，と考えていた。歴史家であるジェフリー・ブレイニーは次のように述べている。

> ワーテルロー以降の三世代の人々は，長きにわたる平和に驚嘆し，同時期に起こった他の出来事にその理由があるのではないかと考えた。彼らは，国際的な平和が，産業革命，蒸気エンジン，外国旅行，そして，自由かつ強固な貿易関係，そして知識の進歩と同時並行で起こると認識していた。こうした変化がいかに平和を促進するかが具体的にわかっていくとともに，彼らはこの一致には因果関係があると結論づけた。しかし，それは１つの事例のみ，あるいは一時期の平和のみに基づいた説明であった。彼らの説明では，まだ蒸気機関車が存在せず，工場の数も少なく，知識レベルも低く，商取引が制限されていた時代のヨーロッパにおいても短期間の平和が経験されていたという事実は無視されていた[15]。

ビクトリア王朝の人々は，平和が達成されたと夢想していた。中でも，最も有名（皮肉を込めて）なビクトリア王朝人は，エドワード７世の時代の英国議員ノーマン・エンジェルである。彼が1910年に出版した著書『大いなる幻影』は国際的なベストセラーとなった。「すべての戦争を終わらせるための戦争」

のわずか4年前，エンジェルは，ヨーロッパ各国の経済が複雑に絡み合い，相互依存が進むにつれ，戦争は時代遅れのものとなった，と論じた。エンジェルが正しいことはある意味で証明された。ヨーロッパ中が巨大な幻想に包まれていたのである。しかしそれは彼が思い描いていた幻想ではなかった。第一次世界大戦の想像を絶する残虐性――何百万人もの無意味な殺戮，塹壕戦の非人道的な残忍さ，毒ガスの恐怖，大量の弾幕射撃やマシンガンの使用――はビクトリア王朝の人々の見栄や自己満足を真っ二つに引き裂いた。結局のところ，人間はそれほど文化的でも，平和を愛しているわけでもない，という現実に彼らは直面することになった。

事実をざっと振り返るだけでも，歴史を通して，戦争を渇望する潮流が満ち引きを繰り返してきたことがわかる。私たちは現在，比較的に穏やかな凪の海を進んでいる。70年前と比べれば，破壊的ではなく，死者も少ない。しかしこうした凪のような時代は過去にも存在した。人間は再三再四，戦争への欲求を示してきたし，現在においてもそれは薄まってもすり減ってもいない。戦争を渇望する声，そしてそれに伴う破壊と殺戮への欲求は，今は単に休眠状態にあるだけの人間の凶暴性そのものなのかもしれない。

感情と戦争

核兵器の支持者たちは，核兵器によって攻撃的な傾向がいかに抑制されてきたかをしばしば口にする。各国の指導者たちが，核戦争という現実に直面した際に感じた恐怖を述べてきたことは紛れもない事実である。壊滅的な戦争が勃発するリスクには「一定の」効果があることは証明されている。しかしそれはどのような効果で，どのくらい続くのだろうか。国家の指導者が核戦争を決断することなどあるのだろうか。多くの指導者が，後世の歴史家から見れば単なる愚行としか言えないような戦争に足を踏み入れて行った。核兵器をともなう形で，そんな愚行が繰り返されることはありえるのか。[16]

ロバート・ケネディは，核戦争に関し，ある意味で専門家と言える。キューバ危機の最中，彼は一連の会議に出席していた。そこでは，核戦争が議論さ

れ，米国の核兵器の発射命令を彼の兄が出すことが極めて現実的な可能性として受け止められていた。ロバート・ケネディは情熱的で，真摯で，思慮深い人間であった。彼は実際に核危機に関与した一握りの人々に数えられる。人間は愚かなことをする，という点について彼はどう考えただろうか。彼の経験は，感情と戦争という問題について，いかなる結論を導いたのだろうか。

1968年の大統領選挙の際に配布したパンフレットの一部を抜粋してみたい。「より新しい世界を求めて」と題されたこの文章は，キューバ危機の5年後に書かれたものである。

> 核兵器の脅威を軽んじる人々は，人間の暗黒面，そして西側諸国の歴史，すなわち私たちの歴史における暗黒面を示すようなあらゆる証拠の存在を無視している。西側諸国は，悲惨かつ広範囲にわたる，人類文明の自殺ともいうべき，説明不可能の破壊や相互の殺戮を幾度となく繰り返してきた。16世紀の宗教戦争，17世紀の30年戦争，フランス革命に続く残虐行為の数々——。20世紀の現代はこれらの時代と何ら変わらず，むしろグロテスクな方法でそれらを凌駕してきたのである。
>
> 現代の人々が記憶するところでは二度にわたり，世界の中で最も進んだ文明社会を形成しているはずのヨーロッパ諸国はわずかな理由で分裂し，別々の道を進んでいった。戦いの代償を考えれば，それがある種の暗い衝動の表れであったという以外にその説明を求めることは不可能であろう。バーバラ・タックマンは，ヨーロッパの人々が第一次世界大戦の勃発によって「解放された」ことを私たちに思い起こさせる。「恐ろしい結末は，終わらないことの恐怖よりも良い」とはドイツの言葉だ。かの偉大なトーマン・マンは次のように問いかけた。「平和は民衆の堕落の要素ではなかろうか」，そして戦争とは，「浄化，解放，そして大きな希望ではなかろうか」。英国人は，連日連夜にわたって戦争勃発のニュースに喝采を叫んだ。ルパート・ブルックは次のように書いている。
>
>> 今こそ神に感謝しよう。神は私たちに運命の時を与えてくれた
>> 栄誉は戻ってきた
>> 私たちは遺産を受け継いだ

神話4　核兵器は安全の守護者

　1939年の戦闘再開を受け，同じく熱狂的な歓迎を示したのはおそらくドイツだけだったであろう*2。しかしこの二度目の戦争の被害はさらに甚大であり，とりわけ非戦闘員に対してそうであった。東部戦線での殺戮と相互の非人道的行為，無制限の都市爆撃（労働者の住宅エリアへの意図的な集中爆撃），そして初の原子爆弾の使用——。まさに，この戦争においてはルールも制限も事実上存在しなかった。私たちが学ぶべき最も重要な教訓は，そうした行為にいかなる説明もしえない，という点ではないだろうか。私たちは戦争がなぜ始まったかを説明できる。私たちはナチスの脅威に対抗したのだ，ということはわかる。しかし，戦闘員同士の戦争計画と，実際に起こってしまった現実との途方もない不均衡性を説明する言葉を私たちは持ちえない。イリアス第18巻のアキレウスによる戦争への憤怒がおそらく唯一このことを語る言葉であろう。

　　「怒りというものは，分別ある人をも煽って猛り狂わせ，また咽喉にとろけ込む蜜よりも遥かに甘く，人の胸内に煙の如く沸き立ってくる*3」

　二度にわたる世界大戦の破壊を制限したのは単に技術力の問題であった。今や核兵器はその制限を取り除こうとしている。核兵器は使用されない，合理的な恐怖の均衡によって我々の理解不能な感情は制限できる——このようなことをいったい誰が断言できるというのか。もちろん私たちは30年目となる核時代を生き延びてきた。1914年以前には多くの限定的な戦争や危機が存在したにもかかわらず，ヨーロッパは1世紀にわたって実質的な平和を享受したと考えられており，その最後には戦争を解放とみていた。核戦争が今後起こることはないかもしれない。しかし，人間が理性的な存在であり，核兵器がもたらす破壊を認識しているがゆえに核戦争を起こさないだろうと考えることは，無謀な考えであり，無知と言うべきものであろう[17]。

　過去70年間が文明の分水嶺を象徴していると考える，あるいは人間の本質において急激に決定的な進化が起こったと考えるに足る理由は見つけられない。核兵器が平和の時代の理由であると考えることにはさらに説得力が欠けてい

＊2　日本でも多くの，しかもリベラルとみなされていた人々も1941年の開戦の報に接して熱狂した。山田風太郎著『同日同刻』筑摩書房，2006，参照。

＊3　ホメロス著，松平千秋訳『イリアス』（下），岩波書店，2004，200頁。

る。壊滅的な戦争に対する恐怖は,長期にわたる平和の時代に何らかの形で貢献してきたかもしれない。しかし核兵器が,「何らかの形で貢献した」ということから飛躍して,核兵器が平和を維持するものであり,今後も永続的に第三次世界大戦の勃発を防いでいくだろうと断定することは,これまでの歴史が示していることを無視するに等しい行為である。もし私たちが責任ある姿勢で臨みたいと思えば,戦争に関する決定を行う際に,核兵器が人間に対していかなる影響を与えるかを私たち自身が知らない,ということを認めるべきである。核兵器が確実に平和を担保できると完全に確信するまでは,ただの勘に頼って何百万もの人々の命を危険にさらすことは無謀としか言いようがない。

1) Gaddis, "The Long Peace"; Gaddis, *The Long Peace*(ジョン・L. ギャディス著,五味俊樹・坪内淳・宮坂直史・太田宏・阪田恭代訳 『ロング・ピース:冷戦史の証言「核・緊張・平和」』 芦書房).
2) Gaddis, *The Long Peace*, p. 232(邦訳398頁).
3) 例えば,Tertrais,"In Defense of Deterrence" を参照。
4) 例えば,英国の Rupert Smith は「産業化戦争はもはや存在しない」とし,その変化を核兵器の導入に起因するものであると述べている(Smith, *The Utility of Force*, p. 4を参照(ルパート・スミス著,山口昇監修,佐藤友紀訳 『ルパート・スミス軍事力の効用』 原書房)).
5) 実際の火山信仰(人間を生贄にするなどの火山信仰を含め)についてのさらなる詳細については,David K. Chester and Angus M. Duncan, "Geomythology, Theodicy, and the Continuing Relevance of Religious World views on Responses to Volcanic Eruptions," in Grattan and Torrence, *Living Under the Shadow*, pp. 203-20,とりわけ p. 206 の表10.1を参照。
6) Pinker, *Better Angels*, p. xxii.
7) 同書。例えば,p. 195の死者数一覧や p. 197の関連グラフを参照。
8) 同書,pp. 189-94.
9) Blainey, *Causes of War*, p. 206.
10) 歴史家の Ulric Nef は前掲の p. 14を引用した。
11) 同書,p. 30.
12) 同書,p. 24.
13) Tertrais, "Correspondences," *Nonproliferation Review* 16, no.2(July 2009):p. 133.
14) Smith, *Utility of Force*, p. 4.
15) Blainey, *Causes of War*, pp. 29-30.
16) 戦争の諸原因に関する有用な入門書としては,Bramson and Goethals の *War* がある。

17) Kennedy, *To Seek a Newer World,* pp. 149-50. ロバート・F・ケネディ正義・人権センターの好意で複製させてもらった。

神話 5

核兵器こそが唯一の切り札

　最後の神話を紹介しよう。これは過去の出来事に基づくものではなく，すでに紹介した4つの神話から推定を組み立てたものである。核兵器には敵に衝撃を与えるという比類なき能力がある。核兵器は戦争において決定的な役割を担う。核兵器は強力で信頼できる特別な種類の抑止力を生み出す。核兵器は平和を守る――これらを信じ込んでしまったことによって，人々は別の結論を導き出した。核兵器を廃絶することは不可能である，という結論である。その理由は次のようなものだ。核兵器を「発明されなかったこと」にはできない。国際関係における核兵器の重要性は，その定評ある役割をもって証明済みである。核兵器の位置づけを現在のように引き上げた歴史上の出来事に仮に問題があったとしても，核兵器は無敵であるとのオーラがすでに確立された今となっては，廃絶は不可能である。以上のような議論は，4つの神話が崩壊したことに鑑みれば，もはや意味を成していない。それぞれを順番に見ていこう。

核兵器という「魔神」

　核兵器を維持し続ける最大の，そして最も強力な議論は，私が「魔神の議論」と呼ぶものである。この魔神は，核兵器のない世界を実現しようという議論のなかで必ずと言ってよいほど登場する[1]。核兵器を支持する人々は，進歩派の述べる不満を耳にするたびに言う。「皆さんの言う通り。核兵器は危険だ。だからと言ってそれを廃絶できるかは私にはわからない。」それから，悲しげ

神話 5　核兵器こそが唯一の切り札

に，訳知り顔で首を振る。「核技術を『なかったこと』にはできない」。あるいはそれをよりわかりやすく説明しようと，アラジンと魔法のランプの話を持ち出して，「核の魔神をランプに戻すことなんて不可能だ！」と言うのだ。

　この議論に説得力がある理由は，それがまったくもって真実であるからだ。この世の誰も，一度生まれた技術を「なかったこと」にはできない。今や失われてしまった，ほんのわずかの人々に知られていた秘密の技術（例えば，中世のステンドグラスの色つけで，とりわけ華やかな赤の色つけのように）といった特殊な例を除けば，技術は勝手に消滅しない。したがって，核兵器を

これらの自転車はいくつかの地域では「ペニーファージング」と呼ばれた
写真提供：© Superstock, Inc./Getty Images

「なかったこと」にはできないという議論はまったくの真実である。しかし同時にそれはまったく的外れの議論でもある。

　いかなる技術も「なかったこと」にはできない。技術は「なかったこと」になるから使われなくなるのではなく，別の技術が代替するから使われなくなるのだ。あるいはもっと単純に，その技術が良くないから使われなくなるのである。例えば，巨大な前輪と小さな後輪を持った，初期の頃の自転車を思い浮かべてみてほしい。世界のある地域では「ペニーファージング」と呼ばれたこの旧式自転車は，乗ることが難しく，落ちると危ないという珍妙な代物だった。誰も訳知り顔で「ペニーファージングをランプに戻すことなんてできない」などということは言わない。前輪と後輪が同じ大きさの，より性能の良い自転車が登場したとたん，ペニーファージングはもう用済みになったからだ。

　もう1つ，あっと驚くような技術の例を挙げたい。写真の乳母車にはガスマスクのフィルターが装着してある。これは，化学兵器戦の最中に乳母に散歩に連れ出された赤ちゃんが楽に呼吸できるように，と作られたものだ。この技術

英国ケント州の町,ヘクタブルにて。1938年撮影
写真提供：Nationaal Archief/Spaarnestad Photo/Fotograaf onbekend

は「なかったこと」にする必要もなかった。理由をあえて言うまでもないと思うが，この技術はまったく普及しなかった。

最後に，米軍が開発した，これまた驚くべき「空飛ぶ足場」を見てほしい。ヒラー・VZ-1・ポーニーと名づけられた乗り物で，1953年に発明され，6台の試作機（プロトタイプ）が製作された。この乗り物は，それほど高くまで飛べなかったが，驚くべき安定性を誇っていた。私だったらこのマシンに「完全無防備・隠れるところなし・死のプラットフォーム」と名づける。ポーニーが全面的な生産段階に進むことはなかった。ある技術が魅力を失うためには，「なかったこと」にする必要はないのである。

私は技術をめぐるこうした議論は神話ではないかと疑っている。技術が担う役割は，パンドラの箱の物語に出てくる悪霊の話とよく似ている。新しい技術のアイデアが発明されると，すなわちいったん箱から出てしまうと，物語の中の悪霊と同じく，それを管理したり制御したりすることは不可能になる。パンドラは箱を開けてしまい，悪魔は逃げ出した。それ以降，この世界から悲しみや悪を取り除くことはできなくなった。だが，技術的な発明は悪霊ではない。それらは道具であり，有用か否かで判断されるものだ。もしその技術が機能

神話5　核兵器こそが唯一の切り札

し、有用であれば、私たちはそれを使い続ける。他方、もはや役立たずとみなされれば、その技術に対しての固執する理由はなく、忘却の彼方へと向かっていく。

魔神の議論は「上手な論点外し」に過ぎない。問題の本質から話を逸らすために、正しくはあるが的外れの論を展開しているのだ。真に問われるべきことは、核兵器が有用かどうかであって、核兵器が大昔の神話における悪霊のようであるか否か、ではない。もし核兵器が有用であれば、私たちはそれを持ち続けなければならない。単純明快なことだ。もし核兵器が、他の方法では得ることのできな

ヒラー・VZ-1・ポーニーは1人乗りの空飛ぶ足場であり、地上3〜4,5メートルの高さでホバリングすることができた
写真提供：米国立公文書館とRecords Administration

い真の安全保障を提供するものであれば、さらには、核兵器の提供する安全保障が核兵器のもたらす危険性よりも大きいのであれば、我々は核兵器と共存の道を歩まなければならない。しかし、もし核兵器がそれほど有用でなければ、もし核兵器が毒を風下にまき散らすだけの、単に巨大で、危険で、扱いづらい爆発物であって、まともな用途がほとんどないような代物であれば、私たちはまったく新しい議論を始めていく必要がある。

的外れではあっても、魔神の議論は今でも重要である。なぜならそれが心理的な面で重要な問題を提起しているからだ。魔神の議論は、核兵器の支持者たちが物事をどのように見ているかを私たちに教えてくれる。彼らの目には、核兵器は「魔法」のように映っている。核兵器は人間の願いを何でも叶えてくれる魔神のようなものである。核兵器をランプから出し、それを振りかざせば、人々は何でも言うことを聞いてくれるのだ。核兵器は驚くべき力を持っている、と人々は主張する。核兵器の力は通常兵器のそれをはるかに凌ぐものである。スティムソンは、核兵器について、人々を驚かせ、畏怖の念を与えるとい

う点においては比類なきを持った,「心理的」兵器であると評している。核兵器の重要性は,その物理的な能力に依拠するだけではない,と核兵器の支持者は断言する。核兵器を特別なものとしているのは,それが持つ圧倒的なオーラである。だがちょっと足を止めて考えてみよう。人々を心理的に揺さぶる特別のオーラと比類なき能力などというものは,兵器システムというよりは,ブードゥー教やまじないのように聞こえはしないだろうか。しかし核兵器の支持者が魔神の魔力のことを話す時には,本当に心からそれを信じているのだ。

　言うまでもなく,核兵器は魔法ではない。それは道具である。そして他の道具と同じように,それをコントロールしているのは私たち人間である。それをいつ使うかを決めるのは私たちである。このように言わなければならないこと自体が奇妙だが,兵器そのものには意思の力は存在しない。私たちは兵器が勝手に爆発するのではないかと頭を悩まさなくてよい。私たちが恐れるべきは,十分に議論が尽くされていないにもかかわらず,それを私たちが爆発させてしまうことである。良く知られているように,魔神は,自分自身の考えや意思を持っており,しばしば雇い主の願いをあえて聞き間違えたような行動をとる。核兵器は魔神のように行動しない。核兵器自らでは何の行動もできないのだ。

　他のいかなる道具の有用性についてもそうであるように,核兵器の有用性はそれが使用される状況によって変化する。道具というものは状況次第なのだ。あなたがある仕事に取り組むことになったとしよう。あなたが自分自身に問うことは,「自分が手にしているこの道具は,この世で最大のものだろうか」ではなく,「やろうとしている仕事にとって,この道具は役に立つだろうか」である。核兵器をめぐっては次の2つの問いが重要である。「核兵器が任務を遂行する上で正しい道具となるのはいかなる場合か」,そして「核兵器が正しい道具となる状況が起こる可能性はどれほどあるのか」。これらの問いは,神話に基づくものではなく,実務的な調査において尋ねられる種類の質問である。

力の通貨

　核兵器を支持する人々はこのように言うかもしれない。「あなたは,私たち

神話5　核兵器こそが唯一の切り札

が考えているほど核兵器は強力なものではない，と言い続けているが，著名な専門家や指導者が核兵器を究極的兵器と見なしている事実についてはどう説明するつもりなのか。そんなに多くの有力者たちがそろって間違っているなどということがあり得るのか。核兵器が中心的位置を占めると主張してきた，すべての米大統領，英首相，ロシア首相（何人か名前を挙げるだけでも）について考えてみればいい。イラン人はどうだ。彼らは必死に核兵器を手に入れようとしている。核兵器に何らかの価値を見出しているからではないのか。北朝鮮は自らの核の野望を満たすために，信じられないような苦難や制裁に耐えようとしている。もし核兵器に価値がなければ，なぜこれらの人々は核兵器に価値があると言っているのか，さらに言えば，あたかも価値があるかのように行動するのか」

　ここで考えるべきは，私たちが集団で生きているという点である。すべての集団は，価値を持つある種のアイテム（往々にして抽象的あるいは無形のもの）の便宜的な代替物として機能する，クーポンあるいはシンボルといったモノを必要とする。集団生活の中で，私たちはこれらの代替品に対し，あたかもそれらが価値ある本物であるかのような扱いをする。私たちは毎日それを使い続ける。やがて，集団生活における魔力の結果として，私たち1人1人が，そのモノに対し集団が与えた価値こそがあたかも真の価値であるかのように考えるようになる。そのモノに対する価値が社会的に付与されたものであり，たとえ元来それに備わっている価値自体が小さかったとしても，である。こうした集団的な価値づけは，そのモノの本来の姿を見づらくし，人々が，それが真の，実際的な価値であるか否かを見極めることを難しくしている。

　これがまさに，私たちが核兵器に関してやっていることである。原爆が広島で初めて使用された時の成功体験に魅了されて，私たちは核兵器にはとてつもない価値があるとの判断を早々に下した。冷戦下のすさまじい恐怖は，さらに現実的な再評価を行うことを難しくした。恐怖は集団的思考をがんじがらめにし，再評価を不可能なものとした。

　核兵器に対する考え方と，集団化された価値については，核不拡散に関する秀逸な論文の国際コンテストである，ドリーン・ジム・マクエルバニー不拡散

チャレンジで最優秀賞を獲得したアン・ハリングトン・デ・サンタナの素晴らしい論文を参考にした。論文の中でハリングトンは，核兵器による軍事攻撃の威嚇が信頼性を完全に欠いているのにもかかわらず，なぜ核兵器は各国で重要視されてきたのかという謎を解き明かしている。

　ハリングトンは，核兵器を貨幣のようなものであると論じる。私たち（のほとんど）はこの世界で最も重要なものの1つがお金であるかのように考えて生活している。しかし立ち止まって考えてみれば，貨幣そのものは極めて小さい実際的価値しかない。食べることもできないし，家を建てることもできない。服にしようと思えばできなくはないが，あまり着心地は良くないだろう。

　無人島の海岸に漂流してきた男のことを想像してみよう。魔法でたった1つだけ彼の願いが叶えられることになった。望むものを何でも手に入れることができる。さて，彼は何を望むだろうか。100ドル札の束の山だろうか，それともスイス・アーミー・ナイフだろうか。金貨の山だろうか，あるいは釣り針と丈夫なナイロン糸だろうか。1万ドルの上限額のついたクレジットカードだろうか，それとも雌雄一つがいのウサギだろうか。無人島ではお金は何の価値も持たない。お金が価値を持ち得るのは社会の中においてのみである。

　お金の価値が社会的に構築されたものであることを理解するには，タカラガイの殻の話がわかりやすい。1400年代，ポルトガルの貿易商がアフリカ西海岸を探検した際，あるアフリカの部族が，タカラガイの殻を貨幣として経済を成り立たせていることを発見した[3]。タカラガイの殻は小さくて丸く，その口の部分は小さい歯が生えているように見える。タカラガイは世界中の熱帯および亜熱帯の海に生息しているが，それらアフリカの部族の世界においては希少価値があった。アフリカ人たちはこの貝殻に病気を治癒し，宗教的な力があると信じていたのだ。タカラガイの腕輪や首輪は病気を追い払い，身につけた者を害悪から守る。タカラガイの殻でできた大きな首輪を下げているのは金持ちである。西アフリカの人々にとって，タカラガイの殻は貨幣であったのだ。

　ポルトガル人はタカラガイを大量に集め，西アフリカでの交易に出航した。信じられないほどの幸運だった。アフリカ人たちは嬉々としてタカラガイと金との交換に応じた。ポルトガル人は口がきけないほど驚いた。このアフリカ人

神話5　核兵器こそが唯一の切り札

たちは，何の価値もない貝殻を，ヨーロッパにおいて最も価値ある商品である金と交換したのだ。航海士たちにとっては一攫千金のチャンスであった。リスボンに戻る航海の途中，彼らは笑いが止まらなかったであろう。「いい取引だったな！」（あるいは同様の趣旨のポルトガル語で）と言ったに違いない。

　他方，アフリカ人も笑いが止まらなかった。彼らは金がまったくの無価値であることを知っていた。食べることもできない。服として着るにも適さない。金で家を建てることはできなくはないが，なぜわざわざそんなことをする必要があるのか。アフリカ人たちは，使い切れないほどの大量の金を持っていた。彼らの生活にとって，この鈍く光る黄金色の金属はそこらへんに存在するものであった。しかし貝殻はそうではなかった。貝殻はこの世の中で最も価値あるものであった。そしてポルトガル人たちはこんな価値あるものを，ごく当たり前に存在している価値のない金属と嬉々として交換したのだ。「いい取引だったな！」と，アフリカ人も言ったに違いない。

　言うまでもなく，両者はそれぞれに正しい。我々はポルトガル人がアフリカ人をだましているという印象を持ちがちである。なぜならヨーロッパの軍事力はやがて彼らのモノの考え方を世界中に広めて（あるいは押し付けて）いったからだ。しかしもしアフリカ人が高い軍事力を有し，彼らの貨幣システムを世界中に広げていったのだったら，私たちは今頃ポルトガル人の間抜けさにあきれているかもしれない。このような興味深い交換は，2つの異なる価値システムがぶつかった時に起きている。1つの経済システムにおいては無価値なものが，別のシステムにおいては非常に貴重なものになり得る。ただのモノに価値を付与するという人間の能力のために，異なる社会においては異なるモノに価値が見出される。これらの評価は，そのモノの実際の有用性とは多くの場合でまったく別の話である。

　貨幣は交換時の媒体である。貨幣として何を具体的に使うかは自体は重要ではない。いくつか例を挙げると，一塊の金属や，（実際に古代ローマではそうだったように）塩。あるいは特別の写真や数字が印刷してある紙きれ。実際のモノが何であるかは問題ではない。耐久性があって比較的希少価値があるものであれは何でも通貨として使用できる。

ハリントンが示した最も重要な指摘とは，核兵器が社会的交換のクーポンである，という点にある。核兵器はいわば力の貨幣になった。私たちはそれによって国家の強さを評価する[4]。私たちは脅威をちらつかせたい時にそれを使う。私たちはどの国が尊敬に値するかを判断するときにそれを使う。国連安保理の常任理事国がすべて核兵器国である点はしばしば指摘されている。ほとんどの人々がこのことから導く結論は，ある国が世界の大国として扱われるためには核兵器を保有する必要があるということだ。

　貨幣と同様に，もし核兵器が力のクーポンであるならば，その価値づけがなされる上で，実際に核兵器が有用か否かは問題ではないということになる。軍事的あるいは政治的な道具として比較的に利用価値が少なくても，力の象徴としていまだ熱心に追求されている——というシナリオは十分にあり得る[5]。

　実際，核兵器は貨幣システムにおいて特に使いやすいモノであると言える。核兵器はほとんど使用されたことがない。その実際的な価値は，戦時においては一度試されただけである。よってその価値を作り上げ，人々が望むいかなるレベルに設定することも簡単であった。核兵器はもっぱら「脅威」として利用された。これにおいては実際の価値を実験する必要はなかった。脅威を生み出すものは実際の効果ではなく，恐怖心だからである。人々は，残念ながら，実用的，実際的，時には本物では「ない」ものに恐怖を感じる。ボギーマンはその例だ。ボギーマンは，言うことを聞かない子どもたちを怖がらせる時に使う人（あるいは人以外の何か）である。ボギーマンは実在しないが，その名前を出すだけで大抵は求める結果を得ることができる。未知の（そして空想上の）危険によって子どもたちを脅すことは，人類が何百年にわたって続けてきた常套手段である[*1]。核の脅しが作用しているように見えるという事実は，核兵器の実際の有用性を証明するものではない。たとえ核兵器にいかなる実際的な軍事上の価値がなくとも，核抑止が何年にもわたって機能する，ということはあり得る話である。

＊1　日本では秋田の「なまはげ」が有名だが，「鬼」やその他，子どもが怖がるものを引き合いに出して子どもを叱るのは日本でもありふれた光景である。

神話5　核兵器こそが唯一の切り札

「プラグマティズム」に有名な例がある。ウィリアム・ジェームズは，人間が，あらゆる事実を自ら確認するわけではないという点を指摘した。人は壁にかかっているモノに針と数字が並んでいるのを見て，これが時計であると推察する。中を開けてみて，それが時計として機能するかどうかを確認することはない。

実際のところ，真実とは，その大部分が信用システムにおいて成り立っている。我々の思考や信用はそれを疑う要素が何もなければ，例えば銀行紙幣のように誰も拒否しないものであれば，「見逃す」ということをしている。しかしこのことは，どこかの段階で面と向かった検証を必要としているものである。それなくしては，現金ベースの存在しない経済システムのように，真実は崩壊しかねない。あなたはある部分についての私の検証を受け入れ，私は別の部分についてのあなたの検証を受け入れる。こうして私たちはお互いの真実に基づいて取引をする。しかし上部構造全体を支える支柱は，「誰か」によって具体的に検証された信念である。[6]

核兵器に関する問題は，その重要性についての主張を具体的に検証する方法がないという点にある。その価値基準を決定する唯一のデータは広島である。私たちは，1つの出来事を歪曲して解釈することで，核兵器の価値を誇張してきたという危険性がある。

私たちは核兵器の価値について本当はよく知らないのではないだろうか。実際的な観点で言えば，核兵器が一度しか実戦使用されていないために，誰もその特殊な心理的効力について検証する能力を持ちえていない。私たちは，核兵器の価値が極めて高く扱われる国際システムを作り上げてきた。しかしこれまで見てきたように，そこにはいかなる証拠も存在しない。

名　　声

核兵器の支持者はこう言うかもしれない。「わかったよ。もしかしたら私たちは核兵器に本来与えるべきよりも幾分大きな評価を与えてきたかもしれない。私たちは核兵器の実際的な現実をいくらか誤解していて，実際よりも大き

125

な政治的なパワーを与えてしまったのだろう。だが，私たちがそうした誤解をしているとしても，また，核兵器が力の貨幣として過剰な名声に甘んじてきたとしても，私たちは世界をあるがままに受け入れるべきではないのか。核兵器はすでに誇大化した名声を有している。核兵器に対する恐怖は本物である。それは存在している。誇張は今や現実なのだ。私たちは核兵器の名声を今のままで扱うべきではないのか。」

　過去30年にわたり，多くの人々が核兵器を実際に使用するつもりはないと言い続けてきた。核兵器の主たる機能は抑止である，と支持者たちは言う[7]。そうなると，その使用を検討した時にどれほど多くの矛盾が生じようともそれは問題ないということになる。誰も実際に核兵器を使用するつもりはないのだ。核兵器をめぐる重要な事実は，戦争における核兵器使用を受けていかなる具体的な結果が生まれるか，ではない。真の論点は，核兵器の作り出す恐怖を我々がうまく利用できるか否か，である。核兵器の重要な側面は，それが有する「名声」であり，その「名声」が生み出す恐怖なのだ，と多くの人々は考えている。

　名声に依存することの危険性について理解する最も簡単な方法は，イリアスに出てくるパトロクロスの物語を考えてみることだろう。パトロクロスはアキレウスの親友であり，彼らはともにトロイアと戦を交えたアカイアの戦いに参加した。その戦闘の最中，アカイアの指導者であるアガメムノンがアキレウスに対しブリセイスという美女を差し出すように迫った。アキレウスは以前，彼女を戦闘の褒美として得ていた。アガメムノンはブリセイスを要求した。アキレウスとアガメムノンは激しく戦い，相手を殺す一歩手前で戦いを止めた。アキレウスはブリセイスをあきらめざるを得なかった。そして怒りとともに彼の戦利品が戻るまでは二度と闘わないと誓ったのであった。

　　「わたしのちかう誓言とは——必ずやいつの日か，アカイアの子らのすべての胸に，このアキレウスの不在を嘆く想いが湧き起るであろうということだ。名にし負う一騎当千のヘクトルの手にかかり，数知れぬ味方の将士が討ち死にするとき，あなたはいかに心を痛めようとも，なんの役にも立つまい[8]。」

神話5　核兵器こそが唯一の切り札

　アキレウスはアカイア最強の戦士であった。ホメロスによれば，アキレウスがいないことで戦いの潮目は変わり，トロイア軍がアカイア軍を蹴散らした。「敗走して逆茂木と濠とを越え，すでに多数がトロイア勢に討たれた[9]。」
　数名がアキレウスの宿営に送られ，トロイア軍が徹底的な勝利を収める前に戦いに復帰してほしいと懇願した。しかしアキレウスはその懇願を拒絶した。アカイア軍の死者数はさらに膨れていった。そこにパトロクロスというアキレウスの友人がやってきて，何とか説得しようと試みた。しかしパトロクロスでもアキレウスをなだめることはできなかった[10]。ついに，パトロクロスは言った。「アキレウス，君が闘わないのであれば，せめて君の鎧と盾を私に貸してくれないか。」アキレウスは承諾した。パトロクロスはかの有名な盾，光り輝く鎧の胸当て，そして兜を持っていった。
　戦場に戻ったパトロクロスに対し，アキレウスの甲冑への「名声」は効果を発揮した。トロイア軍の反応は予想通りであった。「（アキレウスが）怒りを捨て去り和解を選んだものと思いなして，みな気が動顛し戦列も乱れ，誰もが何処かに逃れて厳しい死を免れたものかと思いなして，きょろきょろとあたりを見廻した[11]」。しばらくの間，アキレウスの鎧に身を包んだパトロクロスが勝利を収めたかのように見えた。トロイア軍は自らの都市の高い壁の陰に逃げ込んだ。しかしトロイアのプリアモス王の息子であるヘクトルは違った。彼はトロイア最強の戦士の1人であり，アポロン神の言葉に刺激を受けて，戦場に戻り，アキレウスの鎧をまとった男に対峙したのだ。
　ヘクトルに続き，トロイア軍も戦いに戻った。アポロン神はパトロクロスに忍び寄り，彼を打ち倒した。パトロクロスは怪我を負わなかったものの，彼の兜が外れて落ちた。トロイア軍は，かの有名なアキレウスの鎧の中にいるのがアキレウス本人でないことに気づいた。トロイア軍がパトロクロスに向かって押し寄せ，ヘクトルは彼に槍を突き刺した。「死の終わりが彼を包み，その魂は四肢を抜け出し，己れの運命を嘆きつつ，雄々しさ，若さを後に残して，冥王の館さして飛び去った[12]」。
　戦いをアカイアの有利に運ぼうと，パトロクロスはアキレウスの名声を借用した。戦いにおけるアキレウスの剛勇さに対する人々の畏怖の念を利用するこ

とで，その場面に影響を与えようと，アキレウスの鎧を身に着け，彼の盾を手にした。しかし残念なことに，名声というのは防御の手段としては信頼性が低いと言える。突発的な出来事によって目論見が外れることもある。加えて，名のある敵と一戦交えたいという勇敢な（あるいは時に向こう見ずな）人々も常に存在する。たとえその名声が恐ろしいものであってもだ。

名声は，中身が空っぽの鎧である。私たちは中身のない鎧で自らを守りたいとは思わない。我々が欲しているのは本物の戦士である。我々が守護神としたいのは，彼の名高い盾や胸当てではなく，アキレウス本人である。真の安全保障は，名声が実際の能力で裏打ちされている場合のみ達成される。名声のみに頼った結果，そこに残るのは，地面に打ち倒れ，兜が転げ落ち，槍で刺された，偽物の英雄の姿である。それは破滅への処方箋になりうる。

現在の保有核兵器における配備状況は，そうした名声への依存をますます危ういものとしている。冷戦が終わり久しく経つが，米国とロシアはいまだに大量の核兵器を高い警戒態勢に置き続けている。極めて破壊的で，危ういバランス上にある，一触即発のシステムに依存することは賢明な選択なのだろうか。ましてその力は見せ掛けだけのものかもしれない。

人為的な問題

私たちの持っている考えのほとんどが，神話と誤解の上に成り立っているという事実にはがっかりさせられる。これに関しては，黙示録の神話が私たちを引き付けてきたことから教訓を得ることができる。黙示録の物語の要点は，周囲の出来事に対して私たちが無力であるということである。これらの物語が私たちに伝えているものは，私たちの運命，生存への望み，そしてこの世のすべての運命が神の手に委ねられているということである。黙示録の神話は，究極の運命論の表現とみることができる。あなたが出世するか否か，あなたの子どもたちがあなたよりも長く生きるかどうか，といったことだけでなく，地球とそこに住むすべての人間の生存そのものを含めた森羅万象の「すべて」が神の手にある，ということを黙示録は語っている。黙示録の実現性と向き合った

神話5　核兵器こそが唯一の切り札

時，私たちはこうべを垂れて，運命を受け入れることしかできないのである。

　ここに重要な動きを見ることができるだろう。核兵器が黙示録の神話に取り込まれてきた理由は，それによって私たちが核兵器に対して無力であると感じるからに他ならない。核戦争は，「もし神がそれを望むのであれば」やってくる。何かを黙示録に関連づけた場合，最も重要な具体的な影響は私たちがそのことを自分たちの問題としてとらえる必要がなくなるということである。それは人間の手の及ばないところにあるからだ。

　人類が存続しうるためには，謙虚さが不可欠であることは間違いない。人間は宗教的信仰によって動かされた時に，よりうまく行くという場合もある。世界には私たちの力の及ばない巨大な力があって，それを認識することは，そのまま現実主義である。しかし，そうした人知の及ばない力のリストに核兵器を含むべきではないと考える確固たる理由がある。まず，核兵器は私たちが管理し，望み通りに使用する道具である。もし誰かが，作業台の上のハンマーを指しながら，「このハンマーは私の力の及ばないものだ」と言ったとしたら，私たちはその人物を相当な変人だと思うだろう。なぜ私たちは核兵器に関して異なる見方をしがちなのだろうか。

　核兵器は，時に私たちの前に大きく立ちはだかっているように見える。人々に畏怖の念を起させるその爆発は，自然災害や神の摂理と同程度の規模の話に聞こえる，しかし核兵器は意思の力を与えられてはいない。魔法によって命を吹き込まれたわけではない。私たちが核兵器の運命を左右しているのではなく，核兵器が私たちの運命を左右していると考えてしまうことの弊害は，それによって私たちを無責任かつ無行動といった姿勢に後退させがちだということにある。核兵器を管理する協定を交渉することは難しいかもしれないが，それはそのような合意が不可能であることを意味していないし，あきらめて何もせず，先に進むよう私たちに言っているわけではない。1963年にアメリカン大学で行われた卒業式において，ケネディ大統領は，後に「平和のスピーチ」と呼ばれる演説を行い，困難な局面にどのような態度で臨むべきかを語った。

　まず，平和そのものに対する私たちの姿勢を振り返ってみよう。私たちのほ

とんどが，そんなものは不可能であり，非現実的だと考える。だが，これは危険な，敗北主義者の考え方だ。こうした考え方からは，戦争は不可避であり，人類は運命に従うほかなく，人知を超えた力に支配されている，という結論に辿り着くほかない。

　私たちはこのような考え方を受け入れる必要はない。私たちの問題をつくったのは人間である。故にそれを解決できるのも人間である。人は，自らが望む限り大きくなれる。人間そのものを超える人間の運命の問題など存在しない。人間の理性と精神はしばしば解決不可能とみられる問題を解決してきた。これからも人間にはそれが可能である。

言うまでもなく，ケネディが自身の楽観的見解を示したのは，核兵器の問題よりもはるかに困難な問題についてであった。彼は世界平和について語っていたのだ。戦争のない世界に向けて具体的な措置を講じていくことは，核兵器に関して賢明な政策をとっていくことよりもさらに手ごわい問題である。しかしケネディの主たる論点は核兵器にも応用できる。すなわち，難しい問題は過去においても解決されてきたし，今後においても間違いなく解決されるだろう，ということだ。複雑かつ畏怖に満ちた世界と向き合うには，謙虚であり続けることが重要である。しかし，最も困難な問題であっても，それが解決不可能であると信じる理由はどこにもないのだ。

1) 書籍（例えば，Stansfield, *Caging the Nuclear Genie*），論文，新聞の論説など，極めて多数の文献が存在する。
2) 歴史においては，言うまでもなく，これに似た例がある。例えばコルテスは，スペイン人が使っている火薬兵器が魔法であるとアステカ人に信じ込ませたという点で，一定の成功を収めた。O'Connell, *Of Arms and Men*, p. 128を参照。
3) ポルトガルの商人とアフリカ人との取引についてはハリントンも言及していたが，この例を出したのは私自身である。ハリントンは，この出会いの歴史性について実際に論じている別の作家を引用している。
4) Geoffrey Blaineyは，実際の市場価値よりも政治的価値の方が修正が困難であると主張する。「しかし，外交市場は商業市場のように洗練されたものではない。政治貨幣は経済貨幣よりも簡単に価値判断を下すことができない。外交市場でモノを買ったり売ったりすることは物々交換に近く，広く認められた交換の媒体が存在しない古代のバザールのようなものである。」Blainey, *Causes of War*, p. 105.

神話5　核兵器こそが唯一の切り札

5)　ハリントンと私の意見は異なっている。ハリントンは核兵器の力は象徴的なものではなく，現実的なものであると強調する。私はそれらが象徴的であると考える傾向にある。この議論を理解するためには，ハリントンの論文を読むと良い。
6)　James, *Writings*, pp. 576-77.
7)　Colin Gray はこの議論について，1979年の夏に以下のように述べている。「定義上，合理的な政治目的のために核戦争が知的に遂行されることは有り得ない。核兵器の主たる機能は抑止であり，戦争を遂行することではない。」Colin Gray, "Nuclear Strategy: The Case for a Theory of Victory," in Miller, *Strategy and Nuclear Deterrence*, pp. 31-32.
8)　Homer, *Iliad*, p. 85. Atrides はアガメムノンの別名。(ホメロス著，松平千秋訳『イリアス』(上)，岩波書店，2004，22頁。)
9)　同書，p. 242.（ホメロス著，松平千秋訳『イリアス』(上)，岩波書店，2004，250頁。)
10)　イリアスの秀逸な解説としては，Caroline Alexander, *The War That Killed Achilles* (New York: Viking 2006) を参照。
11)　Homer, *Iliad*, p. 421.（ホメロス著，松平千秋訳『イリアス』(下)，岩波書店，2004，127頁。)
12)　同書，p. 440.（ホメロス著，松平千秋訳『イリアス』(下)，岩波書店，2004，152頁。)

結　　論

　私たちが核兵器について知っていたつもりだったことの多くは「神話」に基づいていたに過ぎないことが分かった。いままで希望的観測に基づいた知的構造に依拠して，このように致命的な兵器を含む政策をとってきたと考えるのはどことなく恐ろしい。知っていたつもりだったことで，最も重要なこと——核兵器は敵を服従させる特別なパワーを持っていること——は正しくない。その第一印象——核兵器が戦争で決め手となるに違いないこと——の上に基づいた論理は疑わしい。全体の中心となる論理——核抑止は頑丈で信頼性が高いこと——はまだ証明されていない。しかも，核兵器が平和を保障しているという主張を裏付ける，いかなる合理的と呼べるレベルの証拠もまったくない。私たちが，固い岩の上に築かれていると考えていた骨組みが，実はまったく土台を持っていなかったように思えるのである。

核兵器の終止符

　核兵器をめぐる思考を下支えしてきた土台を根本的に変更することは，核兵器に関する政策にも同じように根本的な変更を求めているように見えるかもしれない。確かに，一部の評論家たちは，ここで提起された深く厄介な疑問は核兵器の即時廃止を正当化するものだと主張するかもしれない。しかし，その影響が甚大で，判断ミスから来る危険が非常に高いところでは注意が必要だ。危険な現状を突然変更することは大惨事につながりうる。軽率に行動することは

結 論

ばかげている。そして，いずれにしても核兵器政策の変更は多くの人手——多くの国家の協力を必要とする。それらすべてには時間がかかる。

しかしながら，直ちにとることのできる，そしてとらなければならない重要なステップがある。私たちには，今までの経緯を振り返る間，とりあえず核兵器に関する一切の作業を中断する，「核の休日」が必要だ。もしここで出された異議が合理的であることが判明したら，その時，核抑止の長期にわたる有効性と核兵器の基本的な有用性についての重大な疑問が提起される。そして世界中の核政策を見直す時間が必要になる。ちょうど法廷が開かれている間は現状を変更させないように，裁判官が行為の差し止めを命令するように，核兵器に関する作業は完全に停止すべきである。

核兵器は裁判にかけられる必要がある。罪を告発されたのは今回が初めてではない。核兵器はすでに何回にもわたって提訴されてきた。彼らが毎回無罪となってきたのは事実だ。しかし今回は違う。新しい証拠が法廷に提出され，新しい罪で告発されたのである。今度の訴訟では，道義や著しい恐怖についての審議は必要ない。この裁判は実用性と有用性に関するものだ。核兵器は危険でほとんど役に立たなかった罪で告発され，被告席に立っている。それは重大な罪だ。裁判の進行中，核兵器に関する作業をすべて差し止めるに十分重要な罪状である。

核兵器の完全な停止には3つの要素がある。第1は，新たに核兵器を入手するような国が現れないことを保証するために，並々ならぬ努力が必要である。核兵器保有国が増えれば増えるほど，核抑止は機能しにくくなる。第2に，核兵器保有国はあらゆる新しい兵器システムの開発を停止しなければならない。核兵器の有用性について本当の疑問があれば，これはとりあえず賢明なことだ。第3に，核兵器に支出する費用は，兵器の現状を維持するのに不可欠なレベルまで削減すべきだ。核兵器を支える根本的な根拠が疑わしいのであれば，核兵器を持ち続けることが確かになるまで，新しい支出をするのは無意味だ。

そしてその中断とあわせて，主要国の安全性は強化されなければならない。これは米ロの核兵器の保有量を大幅に削減することだけで実現できる。もし核抑止に崩壊する可能性があり，私たちを守っているはずの盾が穴だらけだとし

たら，破滅的失敗の結果，起こりうる影響を減らすことが必要だ。そのためには，2つの核大国の保有量を200～300発に減らすことが不可欠だ。

　しかし最も重要な政策の一歩は，考え方を根本的に見直すことである。すべての核保有国（そしてこの問題に影響を与える他の国々）の政府高官たちは，核兵器についての考え方と政策を綿密に再検討する必要がある。最も賢明な学者たちに問題を再考するよう協力を求める必要がある。核抑止は初期の理論が断言していたほど安定的でも，安全でもないことは明らかだ。また，核兵器は当初主張されていたほど有益でないことも明らかだ。

　そのような見直しをすれば，根本的な問題に向かい合わなくてはならなくなる。核抑止はどのくらい安定するのか。最新の神経科学は合理性（核抑止に必要な要素だが，私たちが考えてきたよりも人間の気質に影響を与える部分は少ないように見える）について何と言っているのか。核兵器の維持を正当化する実際に合理的な理由があるのだろうか。核兵器だけが成し得る，絶対に必要な役割があるのだろうか。私はこれらのどの質問に対しても肯定的な答が返ってくるとはとても思わない。核兵器の有用性に対する疑念から，核兵器廃絶を最終ゴールとすべきだとしたジョージ・シュルツ，ウィリアム・ペリー，ヘンリー・キッシンジャー，そしてサム・ナンの勧告はきっと重要性が増す。政策を根本的に見直すことは，迅速で完全な解決がともに望ましいし，達成可能だという結論になるかもしれない。それを見つけるためには政策の再検討に取りかからなくてはならない。

　核兵器は計り知れない危険をもたらす。私たちは，自分で考えていたよりもずっと危険な中で生きてきた。理にかなった慎重な行動がいまこそ必要だ。

現 実 性

　トーテムポールが重要なのは，それが道具によって一定の直径と高さに形作られた木の幹だからではない。重要性はそれらが象徴しているものによって——信仰体系がある場所によって決まる。信仰と神話はそれらを幹からトーテムに変える。

結論

　存在意義はいわば，幹に命を吹き込む内面の魔法だ。私たちの心はこの快活さを生気のない木の型に注ぐ。すると——不思議なことに——それらは神と英雄，悪霊と妖精になる。
　物に存在意義を吹き込むことができるのは人間の特質だ。存在意義とは，音もせず，においもせず，見えもせず，触れてはいけないものだが，依然として私たちの認識を支配している。
　核兵器が私たちに与えている影響のほとんどは心理的なものだ。私たちの想像の中の核兵器の影響の大きさは，核兵器が現実世界で実際に与えてきた影響の大きさとは関係がない。それらは60年間のレトリック（巧みな言葉）と誇張の帳に包まれている。私たちが核兵器に対しあまりにも深い感情を抱いてきたために，核兵器はすっかり変貌してしまった。私たちが核兵器そのものを直視できなかったために，私たちは核兵器に関する出来事と問題を常に誤って理解してきた。
　このような議論は核政策の議論の中では異端の意見だ。しかし，私たちが核兵器について直面している最も重要な取り組みのいくつかは感情論だ。私たちは，現実的な実用性を超えて，核兵器に存在意義を与えたくなる欲求と願望に打ち勝つ方法を見つけなければならない。そのような願望は，私たちに核兵器を，あたかも黙示録の騎士たち[*1]か，あるいは神の力を与える稲妻のように思いこませた。私たちは勇気と誠実をもって核兵器を正面から見つめなければならない。ヘンリー・デイヴィッド・ソロー[*2]は『ウォールデン——森の生活（原著：*Walden*）』の中で次のように忠告している。

　　落ち着こう。そして意見，偏見，伝統，妄想，外見という沼地やぬかるみを通り抜けて足を下方に割り込ませよう……その場所で固い底や岩に当たるまで。それが私たちの求める現実だ。これだ，間違いない，と言おう……それが生きているか，あるいは死んでいるか，私たちがとても欲しいのは現実だけ

＊1　ヨハネ黙示録に登場する4人の騎士。
＊2　米国の作家・思想家。代表作にヘンリー・D・ソロー著，今泉吉晴訳『ウォールデン　森の生活』　小学館，2004（他邦訳有）がある。

だ。もし私たちが実際に死にかけているのであれば，のどがガラガラ鳴るのを聞き，手足が冷たくなるのを感じよう。もし生きているのであれば自分たちの仕事にとりかかろう。

次にすべきことは？

　私は核兵器について何ができるのか，あるいは何をすべきなのか，確信があるわけではない。しかし私は，核抑止の全面的な再評価と，一般的な核兵器の研究が必要であることは確信している。広島をめぐる事実は綿密に再検討されるべきだ。冷戦の危機の完全な歴史は，核抑止の有効性と矛盾する出来事に特別の注意を払いながら，端から端まで注意深く研究されるべきだろう。戦略爆撃と市民殺戮の有効性は再検討され，再議論されるべきだ。言い換えると，神話と理屈よりも，むしろ事実と実用性に細心の注意を払いながら，核に関するすべての分野が見直されるべきなのだ。

　核兵器が危険だということに疑問の余地はない。核兵器は紛争の拡大を容易に引き起こし，報復への圧倒的な要求を呼び起こしそうに見える。核兵器は風下数百キロにわたって放射性物質をまき散らし，いたずらに市民を殺戮する結果になることは容易に想像できる。核兵器の規模は，膨大な破壊を余儀なくさせる。しかし同時に，核兵器が有しているとされている価値については本当に疑わしい。もともと，政策立案者たちが核兵器に想定していた価値は，極端に高かったのである。核兵器はあらゆる問題に対する解答だった。時間が経つにつれ，その評価は下がってきた。しかし核兵器が持っているとされる本当の価値に関する合意はまだ成立していない。核兵器は国家の生き残りを保証するから絶対に必要なのだろうか。核兵器は軍事的な切り札なのだろうか。また，もし誰かが核兵器を独占したとしても，やはり核兵器は使ってはいけないままなのだろうか。

　核兵器の物語はこれまでのところ誤りと誇張の連続だった。私たちは恐怖の虜となり，おろかな誤りを犯した。うろ覚えの出来事を，どこにもそんな真実はないにもかかわらず，それを神話の中で真実に変えてきた。これにはがっか

結論

りする。だが悪いニュースばかりではない。予想を覆して私たちは結局70年の核時代を生き延びてきた。私たちの過ちを，何百万人もの罪のない人々の命で償うよう要求されることはなかった。私たちは冷戦の危険と，ほとんど耐えられない重圧なしに，いま核兵器のことを見直すチャンスを手にした。私たちは，過去の暗礁に乗り上げた状態から抜け出すことができる。

物語が初めて語られた時，核兵器は究極の兵器という役割を担って登場した。歴史は，核兵器で完結する一巻の技術的発展の長大な絵巻物とされてきた。それ以上の兵器は決して発明されないだろう。まったく，人間の歴史そのものが終わるのかもしれない。

しかしここで再検討されてきた事実を踏まえると，核兵器はまったく違った様相を示すようになる。核兵器の絶大な威力は衰え始めた。特に抑止力としては，実際に限界があるようだ。精密誘導兵器や小型の無人偵察機は，最近の戦争でより頻繁に使われるようになってきたが，核兵器が1945年以降，戦争で活躍するような機会が一度としてなかったという事実からすると，私たちは核兵器の規模にずっとだまされてきたのだ。最大の兵器が，すなわち最も役に立つ兵器であるとは言えないのかもしれない。

進化の物語においては，結局地球を支配することになったのは最大の動物ではなかった。ブロントサウルスとティラノサウルス・レックスは恐るべき生き物だった。だが，それらは変化する環境と，より小さくて，より賢く，より順応性のある種にはかなわなかった。核兵器は恐るべき兵器だ。だが，恐竜と同じように環境に順応できないようだ。私たちはいつかその物語を，進化の行き止まり，つまり結局は無駄になった開発実験の話として書き直すことになるかもしれない。いくつかの点で，この物語はすでになじみがあるように見える。穏やかな日の光の下では，核兵器は，世界の兵器庫の中で，実際の役割が決して見つからない，奇妙で異常な兵器に見える。

核兵器の物語の意味は，これらの兵器は，石に刻み込まれた文字のように，もはや修正することもできずにのしかかってくるような危険ではないということだ。それは，私たちが逃れることのできない恐ろしい運命では絶対にあり得ない。核戦争を回避するために，人間性をいきなり変革する必要はない。核兵

器は，現実的問題な問題にすぎない。核兵器は，安全保障上の意義と有効性という普通のものさしで評価することができる。それは超自然的な力ではなく，単に普通の，日常にありふれた種類の問題なのだ。だからこそ，私たちは，賢明で慎重に歩を運ぶことで，核兵器の問題に取り組むことができる。そこに希望がある。

参考文献

Abraham, Itty. *The Making of the Indian Atomic Bomb: Science, Secrecy, and the Postcolonial State.* New York: Zed Books, 1998.
Abrahms, Max. 'Why Terrorism Does Not Work', *International Security,* 31/2 (2006): 42-78.
Ackland, Len, and Steven McGuire, eds. *Assessing the Nuclear Age.* Chicago: Educational Foundation for Nuclear Science, 1986.
Adams, Gordon. *The Iron Triangle: The Politics of Defense Contracting.* New York: Council on Economic Priorities, 1981.
Adams,Ruth and Susan Cullen, eds. *The Final Epidemic: Physicians and Scientists on Nuclear War.* Chicago: Educational Foundation for Nuclear Science, 1981.
Adams, Valerie. *Chemical Warfare, Chemical Disarmament.* Indianapolis, Indiana: Indiana University Press, 1990.
Addison, Paul, and Jeremy A Crang. eds. *Firestorm: The Bombing of Dresden, 1945.* Chicago: Ivan R. Dee, 2006.
Aldridge, Robert C. *The Counterforce Syndrome: A Guide to U.S. Nuclear Weapons and Strategic Doctrine.* Washington, DC: Transnational Institute, 1978.（R. C. オルドリッジ著，服部学訳 『核先制攻撃症候群：ミサイル設計技師の告発』 岩波書店　1978）
Alexander, John B. *Future War: Non-Lethal Weapons in Twenty-First-Century Warfare.* New York: St. Martin's Press, 1999.
Allison, Graham T. *Essence of Decision: Explaining the Cuban Missile Crisis.* Boston: Little, Brown and Company, 1971.（グレアム・T. アリソン著，宮里政弦訳 『決定の本質：キューバ・ミサイル危機の分析』 中央公論新社　1977）
Allyn, Bruce J., James G. Blight, and David A. Welch. 'Essence of Revision: Moscow, Havana, and the Cuban Missile Crisis', *International Security* 14, no. 3 (1989): 136-172.
Alperovitz, Gar. *Atomic Diplomacy: Hiroshima and Potsdam; the Use of the Atomic Bomb and the American Confrontation With Soviet Power.* New York,: Simon and Schuster, 1965.
Alperovitz, Gar, 'Hiroshima: Historians Reasses'. *Foreign Policy,* 99 (1995): 15-34.
Alperovitz, Gar, and Sanho Tree. *The Decision to Use the Atomic Bomb and the Architecture of an American Myth.* New York: Alfred A. Knopf, 1995.
Andrews, Valerie, Robert Bosnak, and Karen Walter Goodwin, eds. *Facing Apocalypse.* Dallas, Texas: Spring Publications, 1987.
Arendt, Hannah. *On Violence.* New York: Harcourt, Brace & World, 1969.（ハンナ・アーレ

ント著, 山田正行訳 『暴力について：共和国の危機』 みすず書房 2000）

Arkin, William M. 'Calculated Ambiguity: Nuclear Weapons and the Gulf War'. *The Washington Quarterly* 19 no. 4 (1996): 3-16.

Aron, Raymond. *The Century of Total War*. Garden City, New York: Doubleday, 1954.

Aron, Raymond. *On War*. Garden City, New York: Doubleday, 1959.（レイモン・アロン著, 佐藤毅夫・中村五雄訳 『戦争を考える：クラウゼヴィッツと現代の戦略』 政治広報センター 1978）

Aron, Raymond. *The Great Debate: Theories of Nuclear Strategy*. Garden City, New York: Doubleday, 1965.

Art, Robert J., and Robert Jervis. *International Politics: Anarchy, Force, Political Economy, and Decision Making*. Boston: Little, Brown, 1985.

Art, Robert J., and Kennth N. Waltz, eds. *The Use of Force: International Politics and Foreign Policy*. New York: University Press of America, 1983.

Asada, Sadao. 'The Shock of the Atomic Bomb and Japan's Decision to Surrender: A Reconsideration'. *Pacific Historical Review* 67, no. 4 (1998): 477-512.

Axinn, Sidney. *A Moral Military*. Philadelphia: Temple University Press, 1989.

Bacevich, Andrew J. *The New American Militarism: How Americans Are Seduced By War*. New York: Oxford University Press, 2005.

Badash, Lawrence. *A Nuclear Winter's Tale: Science and Politics in the 1980s*. Cambridge, Massachusetts: The MIT Press, 2009.

Baker, Nicholson. *Human Smoke: The Beginnings of World War II, the End of Civilization*. New York: Simon & Schuster, 2008.

Ball, Desmond, and Jeffrey Richelson, eds. *Strategic Nuclear Targeting*. Ithaca, New York: Cornell University Press, 1986.

Bandelier, Adolph F. 'Traditions of Precolombian Earthquakes and Volcanic Eruptions in Western South America'. *American Anthropologist* 8, no. 1 (1906): 47-81.

Barker, Elisabeth. 'The Berlin Crisis 1958-1962'. *International Affairs* 39, no. 1 (1963): 59-73.

Barnet, Richard J. *Real Security: Restoring American Power in a Dangerous Decade*. New York: Simon and Schuster, 1981.（リチャード・J.バーネット著, 梶田進訳 『軍拡の危機：勝者なき時代の安全保障』 日本経済新聞社 1982）

Barnet, Richard J., and Richard A. Falk, eds. *Security in Disarmament*. Princeton, New Jersey: Princeton University Press, 1965.

Baumgartner, Frederic J. *Longing for the End: A History of Millenialism in Western Civilization*. New York: Palgrave, 1999.

Baylis, John, and John Garnett, eds. *Makers of Nuclear Strategy*. New York: St. Martin's Press, 1991.

Beitz, Charles R., Marshall Cohen, Thomas Scanlon, and John A. Simmons, eds. *International Ethics*. Princeton, New Jersey: Princeton University Press, 1990.

Benedict, Ruth. *The Chrysanthemum and the Sword: Patterns of Japanese Culture*. New York: Mariner Books, 2005.(ルース・ベネディクト著,長谷川松治訳 『菊と刀』 講談社 2005, 他邦訳有)

Beres, Louis René. *Apocalypse: Nuclear Catastrophe in World Politics*. Chicago: The University of Chicago Press, 1980.

Bernstein, Barton J. 'The Atomic Bombings Reconsidered'. *Foreign Affairs* 74, no. 1 (1995): 135-152.

Bernstein, Barton J. 'Why We Didn't Use Poison Gas in World War II'. *American Heritage Magazine* 36, no. 5 (August/September 1985): 40-45.

Bernstein, Barton J. 'The Cuban Missile Crisis: Trading the Jupiters in Turkey?'. *Political Science Quarterly* 95, no. 1 (Spring 1980): 97-125.

Bernstein, Barton J. 'Book Review of *The Cuban Missile Crisis of 1962: Needless or Necessary By William J. Medland*'. *The Journal of American History*, 76, no. 3 (December 1989): 992-993.

Betts, Richard K. *Nuclear Blackmail and Nuclear Balance*. Washington, D.C.: Brookings Institution, 1987.

Betts, Richard K. *Conflict After the Cold War*. Boston: Allyn and Bacon, 1994.

Betts, Richard K. 'A Nuclear Golden Age?: The Balance Before Parity'. *International Security* 11 no. 3 (1986): 3-32.

Bird, Kai, and Lawrence Lifschultz. *Hiroshima's Shadow*. Stony Creek, Connecticut: Pamphleteer's Press, 1998.

Bix, Herbert P. *Hirohito and the Making of Modern Japan*. New York: HarperCollins Publishers, 2000.(ハーバート・ビックス著,吉田裕監修,岡部牧夫・川島高峰訳 『昭和天皇 上』 講談社 2005;ハーバート・ビックス著,吉田裕監修,岡部牧夫・川島高峰・永井均訳 『昭和天皇 下』 講談社 2005)

Bix, Herbert P. 'Japan's Surrender Decision and the Monarchy: Staying the Course in an Unwinnable War'. Posted on JapanFocus.org, July 5, 2005.

Black, Jeremy. *War in the New Century*. New York: Continuum, 2001.

Black, Samuel. *The Changing Political Utility of Nuclear Weapons: Nuclear Threats From 1970 to 2010*. Washington, D.C.: The Henry L. Stimson Center, 2010.

Blackaby, Frank, Jozef Goldblat, and Sverre Lodgard, eds. *No-First-Use*. Philadelphia: Taylor & Francis, 1984.

Blackaby, Frank, and Tom Milne, eds. *A Nuclear-Weapon-Free World: Steps Along the Way*. New York: St. Martin's Press, LLC, Scholarly and Reference Division, 2000.

Blacker, Coit D. *Reluctant Warriors: The United States, the Soviet Union, and Arms Control*. New York: W.H. Freeman, 1987.

Blackett, P. M. S. *Atomic Weapons and East-West Relations: Western Military Policy, Atomic Arms Race 1945-55, Retrospect and Prospect*. London: Cambridge University Press,

1956.

Blackett, P. M. S. *Studies of War*. New York: Hill and Wang, 1962.

Blainey, Geoffery. *The Causes of War*. New York: The Free Press, 1973.

Blake, Nigel, and Kay Pole, eds. *Objections to Defence: Philosophers on Deterrence*. London: Routledge & Kegan Paul, 1984.

Blechman, Barry M., and Alexander K. Bollfrass, eds. *Elements of a Nuclear Disarmament Treaty*. Washington D.C.: The Henry L. Stimson Center, 2010.

Blechman, Barry M., and Cathleen S. Fisher.'Phase Out the Bomb', *Foreign Policy* 97 (Winter 1994/1995):79-96.

Blight, James G., 'How Might Psychology Contribute to Reducing the Risk of Nuclear War?'. *Political Psychology* 7, no. 4 (1986): 617-660.

Blight, James G., Joseph S. Nye, Jr, and David A. Welch, 'The Cuban Missile Crisis Revisited', *Foreign Affairs* 66, no. 1 (1987): 170-188.

Blight, James G., and David A. Welch. *On the Blink: Americans and Soviets Reexamine the Cuban Missile Crisis*. New York: Hill and Wang, 1989.

Bobbitt, Philip. *Democracy and Deterrence: The History and Future of Nuclear Strategy*. New York: St. Martin's Press, 1988.

Bobbitt, Philip. *The Shield of Achilles; War, Peace, and the Course of History*. New York: Alfred A. Knopf, 2002.

Bobbitt, Philip, Lawrence Freedman, and Gregory F. Treverton, eds. *U.S. Nuclear Strategy: A Reader*. New York: New York University Press, 1989.

Bonney, Richard. *The Thirty Years' War 1618-1648*. Long Island City, New York: Osprey Publishing, 2002.

Boot, Max. *War Made New: Technology, Warfare, and the Course of History 1500 to Today*. New York: Gotham Books, 2006.

Borrie, John. *Unacceptable Harm: A History of How the Treaty to Ban Cluster Munitions Was Won*. New York: United Nations Publications, 2009.

Borrie, John, and Ashley Thornton. *The Value of Diversity in Multilateral Disarmament Work*. New York: UNIDIR, 2008.

Boston Study Group. *Winding Down: The Price of Defense*. New York: Times Books, 1979.

Bourke, Joanna. *An Intimate History of Killing: Face to Face Killing in 20th Century Warfare*. London: Granta, 1999.

Bousquet, Antoine. *The Scientific Way of Warfare: Order and Chaos on the Battlefields of Modernity*. New York: Columbia University Press, 2009.

Boyer, Paul. *By the Bomb's Early Light: American Thought and Culture At the Dawn of the Atomic Age*. New York: Pantheon, 1985.

Boyle, Francis A. *The Criminality of Nuclear Deterrence: Could the U.S. War on Terrorism Go Nuclear?*. Atlanta, Georgia: Clarity Press, 2002.

Bracken, Paul. *The Command and Control of Nuclear Forces*. New Haven, Connecticut: Yale University Press, 1983.

Bramson, Leon, and George Goethals, eds. *War: Studies From Psychology Sociology Anthropology*. New York: Basic Books, 1968.

Broad, William J. *Star Warriors: A Penetrating Look Into the Lives of the Young Scientists Behind Our Space Age Weaponry*. New York: Simon and Schuster, 1985. (ウイリアム・J. ブロード著, 江畑謙介訳 『SDIゲーム：スター・ウォーズの若き創造主たち』 光文社 1986)

Brodie, Bernard. *Strategy in the Missile Age*. Princeton, New Jersey: Princeton University Press, 1971.

Brooks, Lester. *Behind Japan's Surrender: The Secret Struggle That Ended an Empire*. Stamford, Connecticut: De Gustibus Press, 1968. (レスター・ブルックス著, 井上勇訳 『終戦秘話』 時事通信社 1985)

Brown, Andrew, and Lorna Arnold. 'The Quirks of Nuclear Deterrence', *International Relations* 24, no. 3 (2010): 293-312.

Brown, Michael E., Coté, Owen R., Jr., Sean M. Lynn-Jones, and Steven E. Miller, eds. *Theories of War and Peace*. Cambridge, Massachusetts: The MIT Press, 1999.

Brown, Michael E., Coté, Owen R., Jr., Sean M. Lynn-Jones, and Steven E. Miller, eds. *Offense, Defense, and War*. Cambridge, Massachusetts: The MIT Press, 2004.

Brown, Michael E., Coté, Owen R., Jr., Sean M. Lynn-Jones, and Steven E. Miller, eds. *Going Nuclear: Nuclear Proliferation and International Security in the 21st Century*. Cambridge Massachusetts: The MIT Press, 2010.

Brown, Michael E., Coté, Owen R., Jr., Sean M. Lynn-Jones, and Steven E. Miller, eds. *Rational Choice and Security Studies: Stephen Walt and His Critics*. Cambridge, Massachusetts: The MIT Press, 2000.

Brown, Seyom. *The Causes and Prevention of War*. New York: St. Martin's Press, 1987.

Brune, Lester H. *The Missile Crisis of October 1962: A Review of Issues and References*. Claremont, California: Regina Books, 1985.

Bundy, McGeorge. *Danger and Survival: Choices About the Bomb in the First Fifty Years*. New York: Random House, 1988.

Bundy, McGeorge, William J. Crowe, and Sidney D. Drell. *Reducing Nuclear Danger: The Road Away From the Brink*. New York: Council on Foreign Relations, 1993.

Bundy, William P., ed. *The Nuclear Controversy*. New York: Signet, 1981.

Bunge, William. *Nuclear War Atlas*. New York: Basil Blackwell, 1988.

Bunn, George, and Christopher Chyba, eds. *U.S. Nuclear Weapons Policy: Confronting Today's Threats*. Washington, D.C.: The Brookings Institution, 2006.

Bunn, Matthew, and Anthony Wier, 'The Seven Myths of Nuclear Terrorism', *Current History* 104, no. 681 (2005): 153-161.

Burns, Richard Dean. *The Evolution of Arms Control: From Antiquity to the Nuclear Age*. Santa Barbara, California: ABC-CLIO, 2009.

Burr, William, ed. "The Atomic Bomb and the End of World War II: A Collection of Primary Sources." National Security Archive Electronic Briefing Book no. 162, National Security Archive, August 5, 2005, http://www.gwu.edu/~nsarchiv/NSAEBB/NSAEBB162/index.htm.

Buruma, Ian. 'Ecstatic About Pearl Harbor'. *The New York Review of Books*, October 14, 2010: 46-48.

Butow, Robert J. C. *Japan's Decision to Surrender*. Stanford, California: Stanford University Press, 1954.（ロバート・J. C. ビュートー著，大井篤訳 『終戦外史：無条件降伏までの経緯』 時事通信社 1958）

Caldicott, Helen. *Nuclear Madness*. New York: Bantam Books, 1980.

Canaday, John. *The Nuclear Muse: Literature, Physics and the First Atomic Bombs*. Madison, Wisconsin: The University of Wisconsin Press, 2000.

Carnesale, Albert, Paul Doty, Stanley Hoffmann, Samuel P. Huntington, Joseph S. Nye, Jr, and Scott D. Sagan. *Living With Nuclear Weapons*. New York: Bantam Books, 1983.

Carr, Caleb. *The Lessons of Terror: A History of Warfare Against Civilians*. New York: Random House, 2003.

Carroll, James. *House of War: The Pentagon and the Disastrous Rise of American Power*. Boston: Houghton Mifflin, 2006.（ジェームズ・キャロル著，大沼安史訳 『戦争の家 上・下』 緑風出版 2009）

Carter, Ashton B., and David N Schwartz, eds. *Ballistic Missile Defense*. Washington, D.C.: The Brookings Institution, 1984.

Caspary, William R. 'New Psychoanalytic Perspectives on the Causes of War'. *Political Psychology* 14, no. 3 (1993): 417-446.

Casson, Lionel. *Ships and Seamanship in the Ancient World*. Princeton, New Jersey: Princeton University Press, 1971.

Chang, Gordon G. *Nuclear Showdown; North Korea Takes on the World*. New York: Random House, 2006.

Chang, Laurence, and Peter Kornbluh, eds. *The Cuban Missile Crisis, 1962: A National Security Archive Documents Reader*. Revised edition, New York: The New Press, 1998.

Chernus, Ira. 'Mythologies of Nuclear War'. *Journal of the American Academy of Religion* 50, no. 2 (1982): 255-273.

Chernus, Ira. *Dr. Strangegod: On the Symbolic Meaning of Nuclear Weapons*. Colombia, South Carolina: University of South Carolina Press, 1986.

Chilton, Kevin, and Greg Weaver. 'Waging Deterrence in the Twenty-First Century'. *Strategic Studies Quarterly* (2009): 31-42.

Chirot, Daniel, and Clark McCauley. *Why Not Kill Them All?: The Logic and Prevention of*

Mass Political Murder. Princeton, New Jersey: Princeton University Press, 2006.

Chivian, Eric, Susanna Chivian, Robert Jay Lifton, and John E. Mack, eds. *Last Aid: The Medical Dimensions of Nuclear War*. San Francisco: W.H. Freeman, 1982.

Churchill, Winston. *Hansard* (Commons), 5th series, vol. s 537, col. 1899, March 1, 1955

Cirincione, Joseph. *Bomb Scare: The History and Future of Nuclear Weapons*. New York: Columbia University Press, 2007.

Clark, Ian. *Limited Nuclear War*. Princeton, New Jersey: Princeton University Press, 1982.

Clark, Ronald W. *The Greatest Power on Earth: The International Race for Nuclear Supremacy*. New York: Harper & Row Publishers, 1980.

Clausewitz, Carl von. *On War*. London: Penguin Books, 1968.

Clausewitz, Carl von. *On War*. Translated by Michael Howard, and Peter Paret. Princeton, New Jersey: Princeton University Press, 1976.（カール・フォン・クラウゼヴィッツ著、清水多吉訳 『戦争論 上・下』 中央公論新社　2001、他複数邦訳有）

Clausewitz, Carl von. *Historical and Political Writings*. Translated by Peter Paret, and Daniel Moran. Princeton, NJ: Princeton University Press, 1992.

Clausewitz, Karl von. *War, Politics, and Power*. Translated by Edward M. Collins. Washington, DC: Regnery Gateway, 1962.

Cline, Ray S. 'The Cuban Missile Crisis'. *Foreign Affairs* 68, no. 4 (Fall 1989): 190-196.

Clodfelter, Mark. *The Limits of Air Power: The American Bombing of North Vietnam*. New York: The Free Press, 1989.

Cobban, Helena. *Amnesty After Atrocity?*. Boulder, Colorado: Paradigm Publishers, 2007.

Cockburn, Andrew. *The Threat: Inside the Soviet Military Machine*. New York: Random House, 1983.（アンドルー・コックバーン著、赤羽竜夫訳 『脅威：ソ連軍事機構の実体』 早川書房　1985）

Cohen, Avner. 'The Last Taboo: Israel and the Bomb'. *Current History* 104, no. 681 (2005): 169-175.

Cohen, Avner, and Steven Lee, eds. *Nuclear Weapons and the Future of Humanity: The Fundamental Questions*. Totowa, New Jersey: Rowman and Littlefield, 1986.

Cohen, Marshall, Thomas Nagel, and Thomas Scanlon, eds. *War and Moral Responsibility: A Philosophy & Public Affairs Reader*. Princeton, New Jersey: Princeton University Press, 1974.

Cohen, Raymond. *Threat Perception in International Crisis*. Madison, Wisconsin: The University of Wisconsin Press, 1979.

Cohn, Carol. 'Sex and Death in the Rational World of Defense Intellectuals'. *Signs* 12, no. 4 (1987): 687-718.

Cole, Paul M. 'Atomic Bombast: Nuclear Weapon Decision-making in Sweden 1945-1972'. *Stimson Center Occassional Paper* 26, 1996.

Committee for the Compilation of Materials on Damage Caused by the Atomic Bombs in Hiroshima and Nagasaki. *Hiroshima and Nagasaki: The Physical, Medical, and Social Effects of the Atomic Bombings*. Translated by Eisei Ishikawa and David L. Swain. New York: Basic Books, 1981.

Committee on International Security and Arms Control, National Academy of Sciences. *The Future of U.S. Nuclear Weapons Policy*. Washington, DC: National Academy Press, 1997.

Copeland, Dale C. *The Origins of Major War*. Ithaca, New York: Cornell University Press, 2000.

Craig, Campbell. *Destroying the Village: Eisenhower and Thermonuclear War*. New York: Columbia University Press, 1998.

Craig, Gordon A., and Alexander L. George. *Force and Statecraft: Diplomatic Problems of Our Time*. New York: Oxford University Press, 1983.（ゴードン・A.クレイグ／アレキサンダー・L.ジョージ著，木村修三・高杉忠明・村田晃嗣・五味俊樹・滝田賢治訳 『軍事力と現代外交：歴史と理論で学ぶ平和の条件』 有斐閣　1997）

Creveld, Martin van. *Technology and War: From 2000 B.C. To the Present*. New York: The Free Press, 1991.

Culbertson, Ely. *Total Peace: What Makes Wars and How to Organize Peace*. Garden City, New York: Doubleday, Doran, 1943.

Cullings, Harry M., Shoichiro Fujita, Sachiyo Funamoto, Eric J. Grant, George D. Kerr, and Dale L. Preston, 'Dose Estimation for Atomic Bomb Survivor Studies: Its Evolution and Present Status'. *Radiation Research* 166 (2006): 219-254.

Dahl, Curtis, 'The American School of Catastrophe'. *American Quarterly* 11, No. 3 (1959): 380-390.

Daley, Tad. *Apocalypse Never: Forging the Path to a Nuclear Weapon-Free World*. New Brunswick, New Jersey: Rutgers University Press, 2010.

Daly, Nicholas. 'The Volcanic Disaster Narrative: From Pleasure Garden to Canvas, Page, and Stage'. *Victorian Studies* 53, no. 2 (2011): 255-285.

Damasio, Antonio. *Descartes' Error: Emotion, Reason, and the Human Brain*. London: Vintage Books, 2006.（アントニオ・R.ダマシオ著，田中三彦訳 『デカルトの誤り：情動，理性，人間の脳』 筑摩書房　2010）

Davison, W. Phillips. *The Berlin Blockade: A Study in Cold War Politics*. Princeton, New Jersey: Princeton University Press, 1958.

DeGroot, Gerard J. *The Bomb: A Life*. Cambridge, Massachusetts: Harvard University Press, 2005.

Deitchman, Seymour J. *On Being a Superpower and Not Knowing What to Do About it: Scenarios and Security in a New Century*. Boulder, Colorado: Westview Press, 2000.

DeNardo, James. *The Amateur Strategist: Intuitive Deterrence Theories and the Politics of the Nuclear Arms Race*. New York: Cambridge University Press, 1995.

Dingman, Roger. 'Atomic Diplomacy During the Korean War'. *International Security* 13, no. 3

(Winter 1988): 50-91.

Dobbs, Michael. *One Minute to Midnight: Kennedy, Khrushchev, and Castro on the Brink of Nuclear War*. New York: Vintage Books, 2009. (マイケル・ドブズ著, 布施由紀訳 『核時計零時1分前：キューバ危機13日間のカウントダウン』 日本放送出版協会 2010)

Dower, John W. *War Without Mercy: Race and Power in the Pacific War*. New York: Pantheon Books, 1986. (ジョン・W. ダワー著, 猿谷要監修, 斎藤元一訳 『容赦なき戦争：太平洋戦争における人種差別』 平凡社 2001)

Dower, John W. *Japan in War and Peace: Selected Essays*. New York: New Press, 1993. (ジョン・W. ダワー著, 明田川融監訳 『昭和：戦争と平和の日本』 みすず書房 2010)

Dower, John W. *Cultures of War: Pearl Harbor, Hiroshima, 9-11, Iraq*. New York: W. W. Norton, 2010.

Draper, Theodore. *Present History: On Nuclear War, Detente, and Other Controversies*. New York: Random House, 1983.

Drea, Edward J. *In the Service of the Emperor: Essays on the Imperial Japanese Army*. Lincoln, Nebraska: University of Nebraska Press, 1998.

Dumas, Lloyd J. *Lethal Arrogance: Human Fallibility and Dangerous Technologies*. New York: St. Martin's Press, 1999.

Dyson, Freeman. *Disturbing the Universe*. New York: Harper Colophon Books, 1979. (フリーマン・ダイソン著, 鎮目恭夫訳 『宇宙をかき乱すべきか：ダイソン自伝 上・下』 筑摩書房 2006)

Dyson, Freeman. *Weapons and Hope*. New York: Harper and Row, 1984. (フリーマン・ダイソン著, 伏見康治他共訳 『核兵器と人間』 みすず書房 1986)

Earle, Edward Mead, ed. *Maker of Modern Strategy; Military Thought From Machiavelli to Hitler*. Princeton, New Jersey: Princeton University Press, 1941. (エドワード・ミード・アール編著, 山田積昭・石塚栄・伊藤博邦訳 『新戦略の創始者：マキアヴェリからヒトラーまで 上・下』 原書房 2011)

Eden, Lynn. *Whole World on Fire: Organizations, Knowledge, & Nuclear Weapons Devastation*. Ithaca, New York: Cornell University Press, 2004.

Eden, Lynn, 'City on Fire'. *Bulletin of the Atomic Scientists* 60, no. 1 (2004): 33-43.

Eden, Lynn, and Steven E. Miller, eds. *Nuclear Arguments: Understanding the Strategic Nuclear Arms and Arms Control Debates*. Ithaca, New York: Cornell University Press, 1989.

Edgerton, David. *The Shock of the Old: Technology and Global History Since 1900*. New York: Oxford University Press, 2007.

Ehrenreich, Barbara. *Blood Rites*. New York: Henry Holt, 1997.

Elbaradei, Mohamed. *The Age of Deception: Nuclear Diplomacy in Treacherous Times*. New York: Metropolitan Books, 2011.

Elshtain, Jean Bethke, ed. *Just War Theory*. New York: New York University Press, 1992.

Enthoven, Alain C., and K. Wayne Smith. *How Much is Enough?: Shaping the Defense Pro-

gram 1961-1969. Santa Monica, California: RAND Corporation, 2005.

Etzold, Thomas H., and John Lewis Gaddis, eds. *Containment: Documents on an American Policy and Strategy, 1945-1950*. New York: Columbia University Press, 1978.

Executive Office of the Statistics Commission and Statistics Bureau of the Prime Minister's Office. *Japan Statistical Yearbook 1949*. Nihon Mainichi Shinbunsha, 1949. (統計委員会事務局, 総理府統計局編 『日本統計年鑑1回』 日本統計協会 1949)

Falk, Richard A. Gabriel Kolko, and Robert Jay Lifton, eds. *Crimes of War: A Legal Political-Documentary, and Psychological Inquiry Into the Responsibility of Leaders, Citizens, and Soldiers for Criminal Acts in War*. New York: Vintage Books, 1971.

Feis, Herbert. *The Atomic Bomb and the End of World War II*. Revised Edition. Princeton, New Jersey: Princeton University Press, 1966. (ハーバート・ファイス著, 佐藤栄一・山本武彦他共訳 『原爆と第二次世界大戦の終結』 南窓社 1974)

Feiveson, Harold A., ed. *The Nuclear Turning Point: A Blueprint for Deep Cuts and De-Alerting of Nuclear Weapons*. Washington, D.C.: The Brookings Institution Press, 1999.

Feldbaum, Carl B., and Ronald J. Bee. *Looking the Tiger in the Eye: Confronting the Nuclear Threat*. New York: Vintage Books, 1990.

Fields, Rick. *The Code of the Warrior in History, Myth, and Everyday Life*. New York: Harper Perennial, 1991.

Fierke, K. M. *Critical Approaches to International Security*. Malden, MA: Polity Press,2007.

Fierke, K. M. 'Whereof We Can Speak, Thereof We Must Not be Silent: Trauma, Political Solipsism and War'. *Review of International Studies* 30, no. 4 (2004): 471-491.

Finkbeiner, Ann. *The Jasons: The Secret History of Science's Postwar Elite*. New York: Viking, 2006.

Fischer, John. *Why They Behave Like Russians*. New York: Harper & Brothers, 1947.

Foard, James H. 'Imagining Nuclear Weapons: Hiroshima, Armageddon, and the Annihilation of the Students of Ichijo School'. *Journal of the American Academy of Religion* 65, no. 1 (1997): 1-18.

Foot, Rosemary J. 'Nuclear Coercion and the Ending of the Korean Conflict'. *International Security* 13, no. 3 (Winter 1988/1989): 92-112.

Ford, Daniel. *The Cult of the Atom: The Secret Papers of the Atomic Energy Commission*. New York: Simon and Schuster, 1982.

Ford, Daniel, Henry Kendall, and Steven Nadis. *Beyond the Freeze: The Road to Nuclear Sanity*. Boston: Beacon Press, 1982. (ダニエル・フォード／ヘンリー・ケンドール／スティーブン・ナディス著, 淵脇耕一訳 『核凍結：市民のための反核マニュアル』 社会思想社 1983)

Frank, Richard B. *Downfall : The End of the Imperial Japanese Empire*. New York: Random House, 1999.

Frankland, Mark. *Khrushchev*. New York: Stein and Day, 1979.

参考文献

Freedman, Lawrence. *Britain and Nuclear Weapons*. London: The Macmillan Press, 1980.
Freedman, Lawrence. *The Evolution of Nuclear Strategy*. New York: St. Martin's Press, 1981.
Freedman, Lawrence. *U.S. Intelligence and the Soviet Strategic Threat*. Second Edition. Princeton, New Jersey: Princeton University Press, 1986.
Freedman, Lawrence, ed. *War*. New York: Oxford University Press, 1994.
Friedman, George, and Meredith Friedman. *The Future of War: Power, Technology and American World Dominance in the Twenty-First Century*. New York: St. Martin's, 1996.（ジョージ・フリードマン／メレディス・フリードマン著，関根一彦訳 『戦場の未来：兵器は戦争をいかに制するか』 徳間書店 1997）
Friedman, Jeffrey, ed. *The Rational Choice Controversy: Economic Models of Politics Reconsidered*. New Haven, Connecticut: Yale University Press, 1996.
Friedman, Leon, and William F. Levantrosser, eds. *Richard M. Nixon: Politician, President, Administrator*. New York: Greenwood Press, 1991.
Fussell, Paul. *The Great War and Modern Memory*. New York: Oxford University Press, 1975.
Fussell, Paul. *Thank God for the Atom Bomb and Other Essays*. New York: Ballantine Books, 1988.
Fussell, Paul. *Wartime: Understanding and Behavior in the Second World War*. New York: Oxford University Press, 1989.（ポール・ファッセル著，宮崎尊訳 『誰にも書けなかった戦争の現実』 草思社 1997）
Gaddis, John Lewis. *Strategies of Containment: A Critical Appraisal of Postwar American National Security Policy*. New York: Oxford University Press, 1982.
Gaddis, John Lewis. *The Long Peace: Inquiries Into the History of the Cold War*. Oxford: Oxford University Press, 1987.（ジョン・L. ギャディス著，五味俊樹・坪内淳・宮坂直史・太田宏・阪田恭代訳 『ロング・ピース：冷戦史の証言「核・緊張・平和」』 芦書房 2002）
Gaddis, John Lewis. *The Cold War: A New History*. New York: The Penguin Press, 2005.（ジョン・L. ガディス著，河合秀和・鈴木健人訳 『冷戦：その歴史と問題点』 彩流社 2007）
Gaddis, John Lewis. 'The Long Peace: Elements of Stability in the Postwar International System'. *International Security* 10, no. 4 (Spring 1986): 99-142.
Gaddis, John Lewis, Philip H. Gordon, Ernest R. May, and Jonathan Rosenberg, eds. *Cold War Statesman Confront the Bomb: Nuclear Diplomacy Since 1945*. Oxford: Oxford University Press, 1999.
Gardner, Dan. *Risk: The Science and Politics of Fear*. Toronto: McClelland & Stewart, 2008.（ダン・ガードナー著，田淵健太訳 『リスクにあなたは騙される』 早川書房 2014）
Gardner, John W., and Francesca Gardner Reese, eds. *Quotations of Wit and Wisdom: Know or Listen to Those Who Know*. New York: W. W. Norton, 1975.

Garthoff, Raymond L. *Perspectives on the Strategic Balance*. Washington, D.C.: The Brookings Institute, 1983.

Garthoff, Raymond L. *Intelligence Assessment and Policymaking: A Decision Point in the Kennedy Administration*. Washington, D.C.: The Brookings Institution, 1984.

Garthoff, Raymond L. *Reflections on the Cuban Missile Crisis*. Revised Edition. Washington, D.C.: The Brookings Institution, 1989.

Garthoff, Raymond L. 'Cuban Missile Crisis: The Soviet Story'. *Foreign Policy* 72 (1988): 61-80.

Geller, Daniel S. 'Nuclear Weapons, Deterrence, and Crisis Escalation'. *The Journal of Conflict Resolution* 34, no. 2 (1990): 291-310.

Gelvin, Michael. *War and Existence: A Philosophical Inquiry*. University Park, Pennsylvania: The Pennsylvania State University Press, 1994.

George, Alexander L., and Richard Smoke. *Deterrence in American Foreign Policy: Theory and Practice*. New York: Colombia University Press, 1974.

Ginzburg, Carlo. *Clues, Myths, and the Historical Method*. Translated by John and Anne C. Tedeschi. Baltimore, Maryland: The Johns Hopkins University Press, 1992.（カルロ・ギンズブルグ著，竹山博英訳 『神話・寓意・徴候』 せりか書房 1988）

Giovannitti, Len, and Fred Freed. *The Decision to Drop the Bomb*. New York: Coward-McCann, 1965.（L. ギオワニティ／F. フリード著，堀江芳孝訳 『世紀の黒い霧：原爆投下への道程』 原書房 1972）

Glaser, Charles L., *Analyzing Strategic Nuclear Policy*. Princeton, New Jersey: Princeton University Press, 1990).

Glaser, Charles L., 'Nuclear Policy Without an Adversary: U.S. Planning for the Post-Soviet Era', *International Security*, 16/4 (1992): 34-78.

Gordin, Michael D. *Red Cloud At Dawn: Truman, Stalin, and the End of the Atomic Monopoly*. New York: Farrar, Straus and Giroux, 2009.

Gormley, Dennis M. *Missile Contagion: Cruise Missile Proliferation and the Threat to International Security*. Westport, Connecticut: Praeger Security International, 2008.

Gottfried, Kurt, and Bruce G. Blair, eds., *Crisis Stability and Nuclear War*. New York: Oxford University Press, 1988.

Gottschall, Jonathon, *The Storytelling Animal: How Stories Make Us Human*. Boston: Houghton Mifflin Harcourt, 2012.

Graham, Bob, Chairman, Jim Talent, Vice-Chairman, Graham Allison, Robin Cleveland, Steve Rademaker, Tim Roemer, Wendy Sherman, Henry Sokolski, and Rich Verma, *World At Risk: The Report of the Commision on the Prevention of Weapons of Mass Destruction Proliferation and Terrorism*. New York: Vintage Books, 2008.

Graham, Thomas, Jr., and Keith A. Hansen, *Spy Satellites and Other Intelligence Technologies That Changed History*. Seattle, Washington: University of Washington Press, 2007.

Grattan, John, and Robin Torrence eds., *Living Under the Shadow: Cultural Impacts of Volcano Eruptions*. Walnut Creek, CA: Left Coast Press, 2007.
Gray, Colin S., and Keith Payne, 'Victory is Possible'. *Foreign Policy* 39 (1989): 14-27.
Gray, J. Glenn. *On Understanding Violence Philosophically & Other Essays*. New York: Harper & Row, 1970.
Gray, J. Glenn. *The Warriors: Reflections on Men in Battle*. Lincoln, Nebraska: University of Nebraska Press, 1998.（J. グレン・グレ著，吉田一彦監訳，谷さつき訳 『戦場の哲学者：戦争ではなぜ平気で人が殺せるのか』 PHP研究所 2009）
Grayling, A.C. *Among the Dead Cities: The History and Moral Legacy of the Wwii Bombing of Civilians in Germany and Japan*. New York: Walker Publishing, 2006.（A.C. グレイリング著，鈴木主税・浅岡政子訳 『大空襲と原爆は本当に必要だったのか』 河出書房新社 2007）
Green, Robert. *The Naked Nuclear Emperor: Debunking Nuclear Deterrence, a Primer for Safer Security Strategies*. Christchurch: The Disarmament and Security Centre, 2000.（ロバート・D. グリーン著，梅林宏道・阿部純子訳 『検証「核抑止論」：現代の「裸の王様」』 高文研 2000）
Green, Robert, Commander, Royal Navy. *Security Without Nuclear Deterrence*. Christchurch: Astron Media and Disarmament & Securtiy Centre, 2010.（ロバート・グリーン著，大石幹夫訳 『核抑止なき安全保障へ：核戦略に関わった英国海軍将校の証言』 かもがわ出版 2010）
Greene, Owen, Ian Percival, and Irene Ridge. *Nuclear Winter*. New York: Polity Press in association with Basil Blackwell, 1985.
Gregory, Donna. *The Nuclear Predicament: A Sourcebook*. New York: St. Martin's Press, 1986.
Grinspoon, Lester, ed. *The Long Darkness: Psychological and Moral Perspectives on Nuclear Winter*. New Haven, Connecticut: Yale University Press, 1986.
Grunden, Walter E., Mark Walker. and Masakatsu Yamazaki, 'Wartime Nuclear Weapons Research in Germany and Japan', *Osiris* 20, (2005): 107-130.
Guillemin, Jeanne. *Biological Weapons: From the Invention of State-Sponsored Programs to Contemporary Bioterrorism*. New York: Columbia University Press, 2005.
Gusterson, Hugh, 'Nuclear Weapons and the Other in Western Imagination'. *Cultural Anthropology* 14, no. 1 (1999): 111-143.
Hachiya, Michihiko. *Hiroshima Diary: The Journal of a Japanese Physician August 6-September 30, 1945*. Translated and edited by Warner Wells. New York: The University of North Carolina Press, 1955.（蜂谷道彦著 『ヒロシマ日記』 日本ブックエース 2010，他旧版数種有）
Hackett, John. *The Third World War: August 1985*. New York: Macmillan Publishing, 1978.（ジョン・ハケット著，青木栄一訳 『第三次世界大戦』 講談社 1984）

Haley, P. Edward, David M. Keithly, and Jack Merritt, eds. *Nuclear Strategy, Arms Control, and the Future*. Boulder, Colorado: Westview Press, 1985.

Hallett, Brien. *The Lost Art of Declaring War*. Chicago: University of Illinois Press, 1998.

Halperin, Morton H. *Nuclear Fallacy: Dispelling the Myth of Nuclear Strategy*. Cambridge: Ballinger Publishing, 1987.（モートン・H. ハルパリン著，岡崎維徳訳 『アメリカ新核戦略：ポスト冷戦時代の核理論』 筑摩書房 1989）

Hanson, Victor Davis. *The Western Way of War: Infantry Battle in Classical Greece*. Berkeley, California: University of California Press, 1989.

Hare, J. E., and Carey B. Joynt. *Ethics and International Affairs*. New York: St. Martin's Press, 1982.

Harrington de Santana, Anne. 'The Strategy of Non-Proliferation: Maintaining the Credibility of an Incredible Pledge to Disarm'. *Millennium* 40, no. 30 (September 2011): 3-19.

Harrington de Santana, Anne. *Strategy*. 2nd rev. Ed. New York: Frederick A. Praeger, 1968.

Hasegawa, Tsuyoshi. *Racing the Enemy : Stalin, Truman, and the Surrender of Japan*. Cambridge, Massachusetts: Belknap Press of Harvard University Press, 2005.（長谷川毅著 『暗闘：スターリン，トルーマンと日本降伏 上・下』 中央公論新社 2011）

Hasegawa, Tsuyoshi. *The End of the Pacific War: Reappraisals*. Stanford, California: Stanford University Press, 2007.

Hastings, Max. *The Oxford Book of Military Anecdotes*. New York: Oxford University Press, 2002.

Hastings, Max. *Armageddon: The Battle for Germany, 1944-1945*. New York: Vintage Books, 2005.

Hastings, Max. *Retribution: The Battle for Japan, 1944-45*. New York: Vintage Books, 2009.

Hedges, Chris. *War is a Force That Gives Us Meaning*. New York: Anchor Books, 2003.

Henkin, Louis, ed. *Arms Control: Issues for the Public*. Englewood Cliffs, New Jersey: Spectrum, 1961.（ルイス・ヘンキン編，中居陽子訳 『軍縮問題入門』 時事通信社 1963）

Henkin, Louis. *Foreign Affairs and the Constitution*. New York: W. W. Norton & Company, 1975.

Herken, Gregg. *The Winning Weapon: The Atomic Bomb in the Cold War 1945-1950*. New York: Vintage Books, 1982.

Hershey, John. *Hiroshima*. New York: Bantam Books, 1981.

Herzog, Chaim. *The Arab-Israeli Wars: War and Peace in the Middle East From the 1948 War of Independence to the Present*. New York: Vintage Books, 2004.

Hewitt, Kenneth. 'Place Annihilation: Area Bombing and the Fate of Urban Places'. *Annals of the Association of American Geographers*, 73, No. 2 (1983): 257-284.

Hicks, David. 'Review'. *Anthropos* 94 (1999): 593-594.

Hillman, James. *A Terrible Love of War*. New York: Penguin Books, 2005.

Hilsman, Roger. *To Move a Nation: Politics of Foreign Policy in the Administration of John*

F. Kennedy. Garden City, NY: Doubleday, 1967.（ロジャー・ヒルズマン著，浅野輔訳『ケネディ外交：ニューフロンティアの政治学 上・下』 サイマル出版会 1968）

Hitchens, Theresa. 'Space Wars?', *Scientific American* 298 (March 2008):78-85..

Hoffman, Bruce. *Inside Terrorism*. Revised and expanded ed. New York: Colombia University Press, 2006.

Hoffman, David E. *The Dead Hand: The Untold Story of the Cold War Arms Race and Its Dangerous Legacy*. New York: Doubleday, 2009.

Hogan, Michael J. *Hiroshima in History and Memory*. New York: Cambridge University Press, 1997.

Hogan, Michael J., ed. *The Ambiguous Legacy: U.S. Foreign Relations in the "American Century"*. New York: Cambridge University Press, 1999.

Holloway, David. *The Soviet Union and the Arms Race*. New Haven, Connecticut: Yale University Press, 1983.

Homer. *The Iliad*. Translated by Robert Fagles, New York: Penguin Books, 1990.（ホメロス著，松平千秋訳 『イリアス 上・下』 岩波書店 2004，他和訳複数有）

Horelick, Arnold L., ed. *U.S.- Soviet Relations: The Next Phase*. Ithaca, New York: Cornell University Press, 1986.

Howard, Michael. *Clausewitz*. New York: Oxford University Press, 1983.

Howard, Michael. *The Causes of Wars*. Second, Enlarged Edition ed., Cambridge, Massachusetts: Harvard University Press, 1984.

Howard, Michael. *War and the Liberal Conscience*. New York: Columbia University Press, 2008.（マイケル・ハワード著，奥村房夫他共訳 『戦争と知識人：ルネッサンスから現代へ』 原書房 1982）

Howard, Robert Glenn. 'Apocalypse in Your in-Box: End-Times Communication on the Internet'. *Western Folklore* 56 (Summer/Fall 1997): 295-315.

Huntington, Samuel P. *The Common Defense: Strategic Programs in National Politics*. New York: Columbia University Press, 1966.

Hymans, Jacques E. C. *The Psychology of Nuclear Proliferation: Identity, Emotions, and Foreign Policy*. Cambridge: Cambridge University Press, 2006.

Ignatieff, Michael, and Amy Gutmann. *Human Rights as Politics and Idolatry*. Princeton, New Jersey: Princeton University Press, 2001.（マイケル・イグナティエフ著，エイミー・ガットマン編，添谷育志・金田耕一訳 『人権の政治学』 風行社 2006）

Iklé, Fred Charles. *The Social Impact of Bomb Destruction*. Oklahoma: University of Oklahoma Press, 1958.

International Panel on Fissile Materials. *Reducing and Eliminating Nuclear Weapons: Country Perspectives on the Challenges to Nuclear Disarmament*. Princeton, NJ: Report for Princeton University, May 2010.

Isaacson, Walter, and Evan Thomas. *The Wise Men: Six Men and the World They Made*.

New York: Touchstone, 1988.

James, William. *William James: Pragmatism and Other Writings*. New York: Penguin Books, 2000.（ウィリアム・ジェイムズ著，桝田啓三郎訳 『W・ジェイムズ著作集〈5〉プラグマティズム』 日本教文社　2014　に一部収録）

Janis, Irving L. *Air War and Emotional Stress: Psychological Studies of Bombing and Civilian Defense*. New York: McGraw-Hill Book Company, 1951.

Jarecki, Eugene. *The American Way of War: Guided Missiles, Misguided Men, and a Republic in Peril*. New York: Free Press, 2008.

Jensen, Lloyd. *Negotiating Nuclear Arms Control*. Columbia, South Carolina: University of South Carolina Press, 1988.

Jervis, Robert. *The Illogic of American Nuclear Strategy*. Ithaca, New York: Cornell University Press, 1984.

Jervis, Robert. 'Political Psychology-Some Challenges and Opportunities'. *Political Psychology* 10, no. 3 (1989): 481-493.

Jervis, Robert. 'The Future of World Politics: Will it Resemble the Past?'. *International Security* 16, no. 3 (1991): 39-73.

Jervis, Robert, Richard Ned Lebow, and Janice Gross Stein. *Psychology and Deterrence*. Baltimore, Maryland: The Johns Hopkins University Press, 1991.

Joffe, Josef, and James W. Davis. 'Less Than Zero: Bursting the New Disarmament Bubble'. *Foreign Affairs* 90, no. 1 (2011): 7-13.

Johnson, James Turner. *Just War Tradition and the Restraint of War: A Moral and Historical Inquiry*. Princeton, New Jersey: Princeton University Press, 1981.

Jungk, Robert. *Brighter Than a Thousand Suns: A Personal History of the Atomic Scientists*. New York: Harcourt, Brace & World, 1958.（ロベルト・ユンク著，菊森英夫訳 『千の太陽よりも明るく：原爆を造った科学者たち』 平凡社　2000）

Kagan, Donald. *On the Origins of War and the Preservation of Peace*. New York: Anchor Books, 1995.

Kahn, Herman. *On Thermonuclear War*. Princeton, New Jersey: Princeton University Press, 1960.

Kahn, Herman. *On Escalation: Metaphors and Scenarios*. New York: Frederick A. Praeger, 1965.

Kaku, Michio, and Daniel Axelrod. *To Win a Nuclear War: The Pentagon's Secret War Plans*. Boston: South End Press, 1987.

Kaplan, Fred. *The Wizards of Armageddon*. New York: Simon and Schuster, 1983.

Kaplan, Stephen S. *Diplomacy of Power: Soviet Armed Forces as a Political Instrument*. Washington, D.C.: The Brookings Institution, 1981.

Karp, Regina Cowen, ed. *Security Without Nuclear Weapons?: Different Perspectives on Non-Nuclear Security*. New York: Oxford University Press, 1992.

参考文献

Katz, Arthur M. *Life After Nuclear War: The Economic and Social Impacts of Nuclear Attacks on the United States*. Cambridge, Massachusetts: Ballinger Publishing Company, 1982.
Keefer, Edward C. 'President Dwight D. Eisenhower and the End of the Korean War'. *Diplomatic History* 10, no. 3 (July 1986): 267-89.
Keegan, John. *The Face of Battle: A Study of Agincourt, Waterloo, and the Somme*. New York: Vintage Books, 1977.
Keegan, John, *A History of Warfare*. New York: Alfred A. Knopf, 1993.（ジョン・キーガン著，遠藤利國訳 『戦略の歴史 上・下』 中央公論新社 2015）
Kegley, Charles W., Jr., and Eugene R. Wittkopf. *The Nuclear Reader: Strategy, Weapons, War*. Second ed. New York: St. Martin's Press, 1989.
Kennan, George F. *The Nuclear Delusion: Soviet-American Relations in the Atomic Age*. New York: Pantheon Books, 1983.（ジョージ・F. ケナン著，佐々木坦・佐々木文子訳 『核の迷妄』 社会思想社 1984）
Kennan, George F. *The Fateful Alliance: France, Russia and the Coming of the First World War*. New York: Pantheon Books, 1984.
Kennan, George F. *At a Century's Ending: Reflections 1982-1995*. New York: W. W. Norton, 1996.
Kennedy, John F. *Public Papers of the Presidents of the United States: John F. Kennedy, 1963*. Washington, DC: Government Printing Office, 1964.
Kennedy, Paul, ed. *Grand Strategies: In War and Peace*. New Haven, Connecticut: Yale University Press, 1991.
Kennedy, Robert F. *To Seek a Newer World*. Paperback edition. New York: Bantam Books, 1967.
Kennedy, Robert F. *Thirteen Days: A Memoir of the Cuban Missile Crisis*. New York: Signet Books, 1969.（ロバート・ケネディ著，毎日新聞社外信部訳 『13日間 キューバ危機回顧録』 中央公論新社 2014）
Keohane, Robert O., Stanley Hoffmann, and Joseph Nye, eds. *After the Cold War: International Institutions and State Strategies in Europe, 1989-1991*. Cambridge, Massachusetts: Harvard University Press, 1993.
Kerblay, Basile. *Modern Soviet Society*. Translated by Rupert Swyer. New York: Pantheon Books, 1983.
Kier, Elizabeth. *Imagining War: French and British Military Doctrine Between the Wars*. Princeton, New Jersey: Princeton University Press, 1997.
Kincade, William H. 'Arms Control or Arms Coercion?'. *Foreign Policy* 62 (Spring 1986): 24-45.
King-Hall, Stephen. *Defence in the Nuclear Age*. London: The Camelot Press, 1958.
Kissinger, Henry A. *A World Restored: Metternich, Castlereagh and the Problems of Peace*.

Boston: Houghton Mifflin, 1957.（ヘンリー・A. キッシンジャー著，伊藤幸雄訳 『回復された世界平和』 原書房 2009）

Kissinger, Henry A. 'Reflections on Cuba'. *Reporter,* November 22, 1962, 21-24

Kissinger, Henry A. *Ending the Vietnam War: A History of America's Involvement in and Extrication From the Vietnam War.* New York: Simon & Schuster, 2003.

Kort, Michael, ed. *The Columbia Guide to Hiroshima and the Bomb.* New York: Columbia University Press, 2007.

Krajick, Kevin. 'Tracking Myth to Geological Reality'. *Science* 310 (2005): 762-764.

Kramer, Mark. 'Correspondence: Remembering the Cuban Missile Crisis: Should We Swallow Oral History?'. *International Security* 15, no. 1 (1990): 212-218.

Kugler, Jacek. 'Terror Without Deterrence: Reassessing the Role of Nuclear Weapons'. *The Journal of Conflict Resolution* 28, no. 3 (1984): 470-506.

Kull, Steven. *Minds At War: Nuclear Reality and the Inner Conflicts of Defense Policymakers.* New York: Basic Books, 1982.

Kull, Steven. 'Nuclear Arms and the Desire for World Destruction'. *Political Psychology* 4, no. 3 (1983): 563-591.

Kull, Steven, Clay Ramsay, Stefan Subias, and Evan Lewis. *Americans on WMD Proliferation* .Program on International Policy Attitudes (PIPA) and Knowledge Networks, 2004.

Lake, Anthony. *The Vietnam Legacy: The War, American Society and the Future of American Foreign Policy.* New York: New York University Press, 1976.

Lambek, Michael, ed. *A Reader in the Anthropology of Religion.* Second ed, Malden, Massachusetts: Blackwell Publishing, 2008.

Lamont, Lansing. *Day of Trinity.* New York: Antheneum, 1985.

Lange, David. *Nuclear Free-the New Zealand Way.* New York: Penguin Books, 1990.（デービッド・ロンギ著，国際非核問題研究会訳 『非核 ニュージーランドの選択』 平和文化 1992）

Lapp, Ralph E. *Atoms and People.* New York: Harper & Brothers, 1956.（ラルフ・E. ラップ著，西脇安・田中源一・由谷聡至訳 『原子力と人類：分裂した原子と分裂した世界の物語』 東洋経済新報社 1959）

Lapp, Ralph E. *Kill and Overkill: The Strategy of Annihilation.* New York: Basic Books, 1962.（ラルフ・E. ラップ著，八木勇訳 『核戦争になれば』 岩波書店 1963）

Larkin, Bruce D. *Designing Denuclearization: An Interpretive Encyclopedia.* New Brunswick, New Jersey: Transaction Publishers, 2008.

Lavoy, Peter R. 'Predicting Nuclear Proliferation: A Declassified Documentary Record'. *Strategic Insights* 3, no. 1 (January 2004).

Lawry, Walter. *We Said No to War!.* Dunedin, NZ: Wordspinners Unlimited, 1994.

Lebow, Richard Ned. 'The Cuban Missile Crisis: Reading the Lessons Correctly'. *Political Science Quarterly* 98, no. 3 (Fall 1983): 431-458.

Lebow, Richard Ned. *Between Peace and War: The Nature of International Crisis*. Baltimore, Maryland: The Johns Hopkins University Press, 1984.

Lebow, Richard Ned, and Janice Gross Stein. *We All Lost the Cold War*. Princeton, New Jersey: Princeton University Press, 1994.

Lederberg, Joshua, ed. *Biological Weapons: Limiting the Threat*. Cambridge, Massachusetts: The MIT Press, 2001.

Lee, Steven P. *Morality, Prudence, and Nuclear Weapons*. New York: Cambridge University Press, 1996.

Lefever, Ernest W., and E. Stephen Hunt. 'Education, Propaganda, and Nuclear Arms'. *The Phi Delta Kappan* 64, no. 10 (1983): 727-728.

Lefever, Ernest W., and E. Stephen Hunt, eds. *The Apocalyptic Premise: Nuclear Arms Debated: Thirty-One Essays By Statesmen, Scholars, Religious Leaders, and Journalists*. Washington, D.C.: Ethics and Public Policy Center, 1982.

Lehrer, Jonah. *How We Decide*. Boston: Mariner Books, 2010.（ジョナ・レーラー著，門脇陽子訳 『一流のプロは「感情脳」で決断する』 アスペクト 2009）

LeMay, Curtis E., and MacKinlay Kantor. *Mission with LeMay: My Story*, Garden City, NY: Doubleday, 1965.

Lerner, Max. *The Age of Overkill: A Preface to World Politics*. New York: Simon and Schuster, 1962.

Levene, Mark, and Penny Roberts, eds. *The Massacre in History*. New York: Berghahn Books, 1999.

Levi, Michael. *On Nuclear Terrorism*. Cambridge, Massachusetts: Harvard University Press, 2007.

Levine, Alan J. *The Strategic Bombing of Germany, 1940-1945*. Westport, CT: Praeger, 1992.

Lévy, Bernard-Henri. *War, Evil, and the End of History*. Translated by Charlotte Mandell. Hoboken, New Jersey: Melville House Publishing, 2004.

Levy, Jack S., and William R. Thompson. *Causes of War*. Malden, Massachusetts: Wiley-Blackwell, 2010.

Lewis, Jeffery. *The Minimum Means of Reprisal: China's Search for Security in the Nuclear Age*. Cambridge, Massachusetts: The American Academy of Arts and Sciences, 2007.

Liddell Hart, B. *History of the Second World War*. New York: Capricorn Books, 1972.（リデル・ハート著，上村達雄訳 『第二次世界大戦 上・下』 中央公論新社 1999）

Lifton, Robert Jay. *The Future of Immortality and Other Essays for a Nuclear Age*. New York: Basic Books, 1987.

Lifton, Robert Jay. 'Illusions of the Second Nuclear Age'. *World Policy Journal* 18, no. 1 (2001): 25-30.

Lifton, Robert Jay. 'In the Lord's Hands: America's Apocalyptic Mindset'. *World Policy Jour-*

nal 20, no. 3 (2003): 59-69.

Lifton, Robert Jay, and Eric Markusen. *The Genocidal Mentality: Nazi Holocaust and Nuclear Threat*. New York: Basic Books, 1990.

Lilienthal, David E. *Change, Hope, and the Bomb1*. Princeton, New Jersey: Princeton University Press, 1963. (D.E. リリエンソール著, 鹿島守之助訳 『原爆から生き残る道：変化・希望・爆弾』 鹿島研究所出版会 1965)

Lincoln, Abraham. *Speeches and Writings 1832-1858: Speeches, Letters, and Miscellaneous Writings: The Lincoln-Douglas Debates*. New York: Library of America, 1989.

Lindqvist, Sven. *A History of Bombing*. Translated by Linda Haverty Rugg. New York: The New Press, 2001.

Linenthal, Edward T., and Tom Engelhardt. *History Wars: The Enola Gay and Other Battles for the American Past*. New York: Metropolitan Books, 1996. (トム・エンゲルハート／エドワード・T. リネンソール編, 島田三蔵訳 『戦争と正義：エノラ・ゲイ展論争から』 朝日新聞社 1998)

Livingston, Jon, Joe Moore, and Felicia Oldfather, eds. *Imperial Japan 1800-1945*. New York: Pantheon Books, 1973.

Luard, Evan. *The Blunted Sword: The Erosion of Military Power in Modern World Politics*. New York: New Amsterdam Books, 1988.

Luttwak, Edward N. *On the Meaning of Victory: Essays on Strategy*. New York: Simon and Schuster, 1986.

Lynn-Jones, Sean M., and Steven Miller, eds. *The Cold War and After: Prospects for Peace: An International Security Reader*. Revised edition. Cambridge, Massachusetts: the MIT Press, 1994.

Machiavelli, Niccolò. *The Art of War*. Translated by Ellis Farneworth. New York: Da Capo Press, 1965. (ニッコロ・マキァヴェッリ著, 服部文彦訳 『戦争の技術』 筑摩書房 2012)

MacIsaac, David. *Strategic Bombing in World War Two: The Story of the United States Strategic Bombing Survey*. New York: Garland Publishing, 1976.

Mack, John E. 'Toward a Collective Psychopathology of the Nuclear Arms Competition'. *Political Psychology* 6, no. 2 (1985): 291-321.

Mack, John E. 'Nuclear Weapons and the Dark Side of Humankind'. *Political Psychology* 7, no. 2 (1986): 223-233.

Maddox, Robert James, ed. *Weapons for Victory: The Hiroshima Decision Fifty Years Later*. Columbia, Missouri: University of Missouri Press, 1995.

Maddox, Robert James. *Hiroshima in History: The Myths of Revisionism*. Columbia, Missouri: University of Missouri Press, 2007.

Malcolmson, Robert W. *Nuclear Fallacies: How We Have Been Misguided Since Hiroshima*. Montreal: McGill-Queen's University Press, 1985.

Malik, John S. *The Yields of Hiroshima and Nagasaki Nuclear Explosions.* Los Alamos, NM: Los Alamos National Laboratory, 1983.

Mandelbaum, Michael. *The Nuclear Question: The United States & Nuclear Weapons 1946-1976.* New York: Cambridge University Press, 1979.

Mandelbaum, Michael. *The Nuclear Revolution: International Politics Before and After Hiroshima.* New York: Cambridge University Press, 1981.

Martin, Brian. 'Critique of Nuclear Extinction'. *Journal of Peace Research* 19, no. 4 (1982): 287-300.

May, Ernest R. 'The United States, the Soviet Union, and the Far Eastern War, 1941-1945'. *Pacific History Review* 24, no. 2 (May 1955): 153-174.

May, Ernest R., and Philip D. Zelikow, eds. *The Kennedy Tapes: Inside the White House During the Cuban Missile Crisis.* New York: W. W. Norton & Company, 2002.

May, Larry, ed. *War: Essays in Political Philosophy.* New York: Cambridge University Press, 2008.

Mayor, Adrienne. *Greek Fire, Poison Arrows, & Scorpion Bombs: Biological and Chemical Warfare in the Ancient World.* New York: The Overlook Press, 2004. (エイドリアン・メイヤー著, 竹内さなみ訳 『驚異の戦争：古代の生物化学兵器』 講談社 2006)

Mazarr, Michael J., ed. *Nuclear Weapons in a Transformed World.* New York: St. Martin's Press, 1997.

McConeghey, Evelyn, and James McConnell, eds. *Nuclear Reactions.* Albuquerque, New Mexico: Image Seminars, 1984.

McMahon, Robert J., *The Cold War.* New York: Oxford University Press, 2003.

McNamara, Robert S. *Blundering Into Disaster: Surviving the First Century of the Nuclear Age.* New York: Pantheon Books, 1987. (R.マクナマラ著, 藤本直訳 『世界核戦略論』 PHP研究所 1988)

McNamara, Robert S., and James G. Blight. *Wilson's Ghost: Reducing the Risk of Conflict, Killing, and Catastrophe in the 21st Century.* New York: Public Affairs, 2003. (ロバート・エス・マクナマラ／ジェイムス・ジー・ブライト共著, 石井健吉訳 『ウイルソンの幻影：21世紀において, 紛争・殺戮及び破滅の危機を減少するために 上・下』 2刷 松風書房 2005)

McNeill, William H. *The Pursuit of Power.* Chicago: The University of Chicago Press, 1982. (ウィリアム・H.マクニール著, 高橋均訳 『戦争の世界史：技術と軍隊と社会 上・下』 中央公論新社 2014)

Melman, Seymour. *The Permanent War Economy: American Capitalism in Decline.* New York: Touchstone Book Published by Simon and Schuster, 1974.

Mendlovitz, Saul H., and Barbara Walker, eds. *A Reader on Second Assembly & Parliamentary Proposals.* Wayne, New Jersey: Center for UN Reform Education, 2003.

Merli, Frank J., and Theodore Wilson, eds. *Makers of American Diplomacy: From Theodore*

Roosevelt to Henry Kissinger. New York: Charles Scribner's Sons, 1974.
Michie, Allan A. *The Air Offensive Against Germany*. New York: Henry Holt, 1943.
Middleton, Drew. *Can America Win the Next War?*. New York: Charles Scribner's Sons, 1975.
Miles, Rufus E., Jr. 'Hiroshima: The Strange Myth of Half a Million American Lives Saved'. *International Security* 10, no. 2 (1985): 121-140.
Miller, D.H. *The Geneva Protocol*. Oxford: Benediction Classics, 2011.
Miller, Jerry. *Stockpile: The Story Behind 10,000 Strategic Nuclear Weapons*. Annapolis, Maryland: Naval Institute Press, 2010.
Miller, Robert D. *Descent From Niitaka, 1941-1945: First Flag Over Japan*. Jersey Shore, Pennsylvania: Bullbriar Press, 2002.
Miller, Steven E., ed. *Conventional Forces and American Defense Policy: An International Security Reader*. Princeton, New Jersey: Princeton University Press, 1986.
Miller, Steven E. *The Star Wars Controversy: An International Security Reader*. Princeton, New Jersey: Princeton University Press, 1986.
Miller, Steven E. *Strategy and Nuclear Deterrence: An International Security Reader*. Princeton, NJ: Princeton University Press, 1984.
Miscamble, Wilson D. *From Roosevelt to Truman: Potsdam, Hiroshima, and the Cold War*. New York: Cambridge University Press, 2007.
Miscamble, Wilson D. 'Harry S. Truman, the Berlin Blockade and the 1948 Election'. *Presidential Studies Quarterly* 10, no. 3 (1980): 306-316.
Mitchell, William. *Winged Defense: The Development and Possibilities of Modern Air Power Economic and Military*. New York: Dover Publications, 1988.
Moore, Mike. *Twilight War: The Folly of U.S. Space Dominance*. Oakland, California: The Independent Institute, 2008.
Morgan, Forrest E. *Compellence and the Strategic Culture of Imperial Japan: Implications for Coercive Diplomacy in the Twenty-First Century*. London: Praeger, 2003.
Morgan, Patrick M., 'New Directions in Deterrence Theory', in Avner Cohen and Steven Lee, ed. *Nuclear Weapons and the Future of Humanity: The Fundamental Questions*. Totowa, New Jersey: Rowman and Allenheld, 1986.
Mueller, John. *Retreat From Doomsday: The Obsolescence of Major War*. New York: Basic Books, 1989.
Mueller, John. 'War Has Almost Ceased to Exist: An Assessment'. *Political Science Quarterly* 124, no. 2 (2009): 297-321.
Mueller, John. *Atomic Obsession: Nuclear Alarmism From Hiroshima to Al-Qaeda*. New York: Oxford University Press, 2010.
Murray, Williamson, MacGregor Knox, and Alvin Bernstein, eds. *The Making of Strategy: Rulers, States, and War,* New York: Cambridge University Press, 2009.（ウィリアムソン・マーレー／マクレガー・ノックス／アルヴィン・バーンスタイン編著，石津朋之・永

末聡監訳，歴史と戦争研究会訳 『戦略の形成：支配者，国家，戦争 上・下』 中央公論新社 2007）

Myrdal, Alva. *The Game of Disarmament: How the United States and Russia Run the Arms Race*. New York: Pantheon Books, 1976.（アルヴァ・ミュルダール著，豊田利幸・髙榎堯訳 『正気への道：軍備競争逆転の戦略 1・2』 岩波書店 1978）

Nathan, James, ed. *The Cuban Missile Crisis Revisited*. New York: St. Martin's Press, 1992.

National Conference of Catholic Bishops. *The Challenge of Peace: God's Promise and Our Response*. Washington, DC.: United States Catholic Conference, 1983.（アメリカ・カトリック司教協議会著，アンセルモ・マタイス／片平博訳 『平和の挑戦：神の約束と我々の応答 戦争と平和に関する教書』 中央出版社 1983）

Neillands, Robin. *The Bomber War: The Allied Air Offensive Against Nazi Germany*. New York: Overlook Press, 2001.

Newhouse, John. *War and Peace in the Nuclear Age*. New York: Alfred A. Knopf, 1989.

Newman, Robert P. *Enola Gay and the Court of History*. New York: P. Lang, 2004.

Nicholson, Michael. *Rationality and the Analysis of International Conflict*. New York: Cambridge University Press, 1992.

Nicolson, Harold. *The Evolution of Diplomacy*. New York: Collier Books, 1966.

Nielsen, Axel E., and William H. Walker, eds. *Warfare in Cultural Context: Practice, Agency, and the Archaeology of Violence*. Tucson, Arizona: The University of Arizona Press, 2009.

Nolan, Janne E. *An Elusive Consensus: Nuclear Weapons and American Security After the Cold War*. Washington, D.C.: The Brookings Institution, 1999.

Norris, Robert S., and Hans M. Kristensen. 'Global Nuclear Weapons Inventories, 1945-2010'. *The Bulletin of the Atomic Scientists* 66, no. 4 (2010): 77-83.

Novak, Michael. *Moral Clarity in the Nuclear Age*. Nashville, Tennessee: Thomas Nelson Publishers, 1983.

Nye, Joseph S., Jr. *Nuclear Ethics*. New York: The Free Press, 1986.（ジョセフ・S. ナイ・Jr. 著，土山実男訳 『核戦略と倫理』 同文舘 1988）

Oates, Stephen B. *With Malice Toward None: The Life of Abraham Lincoln*. New York: Harper and Raw, 1977.

Oates, Stephen B. *Abraham Lincoln: The Man Behind the Myths*. New York: Harper and Row, 1984.

O'Connell, Robert L. *Of Arms and Men: A History of War, Weapons, and Aggression*. New York: Oxford University Press, 1989.

O'Connell, Robert L. *Ride of the Second Horseman: The Birth and Death of War*. New York: Oxford University Press, 1995.

Office of Technology Assessment, U.S. Congress. *The Effect of Nuclear War*. Washington, DC: U.S. Government Printing Office, 1979.（米国技術評価局編，西沢信正・高木仁三郎

訳 『米ソ核戦争が起ったら：上院へのレポート』 岩波書店　1981）
Ogilvie-White, Tanya, ed. *On Nuclear Deterrence: The Correspondence of Sir Michael Quinlan*. New York: Routledge, 2011.
O'Hanlon, Michael E. *A Skeptic's Case for Nuclear Disarmament*. Washington, D.C.: The Brookings Institution, 2010.
Oldenbourg, Zoé. *Massacre At Montségur: A History of the Albigensian Crusade*. London: Phoenix Press, 2000.
Olson, Mancur. *The Logic of Collective Action: Public Goods and the Theory of Groups*. Cambridge, Massachusetts: Harvard University Press, 1971.（マンサー・オルソン著，依田博・森脇俊雅訳　『集合行為論：公共財と集団理論』　ミネルヴァ書房　1996）
O'Neill, Bard E. *Insurgency & Terrorism: Inside Modern Revolutionary Warfare*. Dulles, Virginia: Brassey's, 1990.
Orend, Brian. *The Morality of War*. Orchard Park, New York: Broadview Press, 2006.
Orme, John,.'Deterrence Failures: A Second Look'. *International Security* 11, no. 4 (1987): 96-124.
Osada, Arata, ed. *Children of Hiroshima*. New York: Harper Colophon Books, 1982.（長田新編　『原爆の子：広島の少年少女のうったえ』　岩波書店　1970，新装版も有）
Palmer-Fernandez, Gabriel. *Deterrence and the Crisis in Moral Theory: An Analysis of the Moral Literature on the Nuclear Arms Debate*. New York: Peter Lang Publishing, 1996.
Pape, Robert A. 'Why Japan Surrendered'. *International Security* 18, no. 2 (Fall 1993): 154-201.
Pape, Robert A. *Bombing to Win: Air Power and Coercion in War*. Ithaca, New York: Cornell University Press, 1996.
Pape, Robert A., Jr. 'Coercive Air Power in the Vietnam War'. *International Security* 15, no. 2 (1990): 103-146.
Paret, Peter. *Understanding War: Essays on Clausewitz and the History of Military Power*. Princeton, New Jersey: Princeton University Press, 1992.
Parkinson, Stuart. 'Does Anybody Remember the Nuclear Winter?'. *Scientists for Global Responsibility Newsletter* 27 (July 2003).
Paterson, Thomas G., ed. *The Origins of the Cold War*. Lexington, Massachusetts: D. C. Heath, 1974.
Paul, T. V., Richard J. Harknett, and James J. Wirtz, eds. *The Absolute Weapon Revisited: Nuclear Arms and the Emerging International Order*. Ann Arbor, Michigan: University of Michigan Press, 2000.
Payne, Keith B. *Deterrence in the Second Nuclear Age*. Lexington, Kentucky: The University Press of Kentucky, 1996.
Pearson, Simon. *A Brief History of the End of the World: From Revelation to Eco-Disaster*. London: Robinson, 2006.

Pellegrino, Charles. *The Last Train From Hiroshima: Survivors Look Back*. New York: Henry Holt, 2010.

Pelopidas, Benoit. 'The Oracles of Proliferation: How Experts Maintain a Biased Historical Reading That Limits Policy Innovation'. *Nonproliferation Review* 18 no. 1 (March 2011).

Perkovich, George, and James Acton, eds. *Abolishing Nuclear Weapons: A Debate*. Washington, D.C.: Carnegie Endowment for International Peace, 2009.

Perkovich, George, Jessica T. Mathews, Joseph Cirincione, Rose Gottemoeller, and Jon B. Wolfsthal. *Universal Compliance: A Strategy for Nuclear Security*. Washington: Carnegie Endowment for International Peace, 2005.

Peterson, Jeannie. *The Aftermath: The Human and Ecological Consequences of Nuclear War*. New York: Pantheon Books, 1983.

Pifer, Steven, Richard C. Bush, Vanda Felbab-Brown, Martin S. Indyk, Michael E. O'Hanlon, and Kenneth M. Pollack. *U.S. Nuclear and Extended Deterrence: Considerations and Challenges*. Washington, DC: Brookings Institute, 2010.

Pinker, Steven. *The Better Angels of Our Nature: Why Violence Has Declined*. New York: Viking, 2012. (スティーブン・ピンカー著，幾島幸子・塩原通緒訳 『暴力の人類史 上・下』 青土社 2015)

Popkin, Richard H. 'The Triumphant Apocalypse and the Catastrophic Apocalypse'. in Avner Cohen and Steven Lee, ed. *Nuclear Weapons and the Future of Humanity: The Fundamental Questions*. Totowa, New Jersey: Rowman & Allanheld, 1986.

Potter, Ralph B. *War and Moral Discourse*. Richmond, Virginia: John Knox Press, 1973.

Powers, Thomas, and Ruthven Tremain. *Total War: What it is, How it Got That Way*. New York: William Morrow, 1988.

Prados, John. *The Soviet Estimate: U.S. Intelligence Analysis and Soviet Strategic Forces*. Princeton, New Jersey: Princeton University Press, 1986.

Prins, John, ed. *The Nuclear Crisis Reader*. New York: Vintage Books, 1984.

Pusey, Merlo J. *The Way We Go to War*. Boston: Houghton Mifflin, 1969.

Quinlan, Michael, 'The Future of Nuclear Weapons: Policy for Western Possessors'. *International Affairs* 69, no. 3 (1993): 485-496.

Quinlan, Michael. *Thinking About Nuclear Weapons: Principles, Problems, Prospects*. Oxford: Oxford University Press, 2009.

Rabb, Theodore K. *The Thirty Years' War*. 2nd edition. Lanham, Maryland: University Press of America, 1981.

Rabe, Stephen G. 'The Cuban Missile Crisis Revisited'. *Irish Studies in International Affairs* 3, no. 3 (1991): 59-66.

Rakove, Milton L. *Arms and Foreign Policy in the Nuclear Age*. New York: Oxford University Press, 1972.

Raman, J. Sri. *Flashpoint: How the U.S., India and Pakistan Brought the World to the Brink *of Nuclear War*. Monroe, Maine: Common Courage Press, 2004.

Ramana, M. V., 'The Bomb of the Blue God'. *South Asian Magazine for Action and Reflection* 13 (2001).

Rasler, Karen A., and William R. Thompson. *The Great Powers and Global Struggle 1490-1990*. Lexington, Kentucky: The University Press of Kentucky, 1994.

Regan, Geoffrey. *Military Anecdotes*. London: Carlton Books Ltd., 2002.

Renshon, Jonathan. 'Assessing Capabilities in International Politics: Biased Overestimation and the Case of the Imaginary "Missile Gap"'. *Journal of Strategic Studies* 32, no. 1 (2009): 115-147.

Rhodes, Richard. *The Making of the Atomic Bomb*. New York: Simon & Schuster, 1986.（リチャード・ローズ著，神沼二真・渋谷泰一訳 『原子爆弾の誕生 上・下』 紀伊國屋書店 1995）

Rhodes, Richard. 'Nuclear Options'. *New York Times*, May 15, 2005.

Rhodes, Richard. *The Twilight of the Bombs: Recent Challenges, New Dangers, and the Prospects for a World Without Nuclear Weapons*. New York: Alfred A. Knopf, 2010.

Ritchie, Nick, and Paul Ingram. 'A Progressive Nuclear Policy'. *The RUSI Journal* 155, no. 2 (2010): 40-45.

Rosenthal, Peggy. 'The Nuclear Mushroom Cloud as Cultural Image'. *American Literary History* 3, no. 1 (1991): 63-92.

Ross, Ralph G., and Louis I. Bredvold, ed. *The Philosophy of Edmund Burke: A Selection of His Speeches and Writings*. Ann Arbor, Michigan: The University of Michigan Press, 1970.

Rothgeb, John M., Jr. *Defining Power: Influence and Force in the Contemporary International System*. New York: St. Martin's Press, 1993.

Rublee, Maria Rost. *Nonproliferation Norms: Why the States Choose Nuclear Restraint*. Athens, Georgia: University of Georgia Press, 2009.

Rusk, Dean, Robert McNamara, George W. Ball, Roswell L. Gilpatric, Theodore Sorensen, and McGeorge Bundy. 'Essay: The Lessons of the Cuban Missile Crisis,' *Times*, September 27, 1972, available at http://www.time.com./time/magazine/article/0,925769-1,00.html.

Russet, Bruce M., ed. *Peace, War, and Numbers*. Beverly Hills: Sage Publications, 1972.

Sagan, Carl, and Richard Turco. *A Path Where No Man Thought: Nuclear Winter and the End of the Arms Race*. New York: Random House, 1990.

Sagan, Scott D. 'Lessons of the Yom Kippur Alert'. *Foreign Policy* 36 (1979): 160-177.

Sagan, Scott D. 'Nuclear Alerts and Crisis Management'. *International Security* 9, no. 4 (1985): 99-139.

Sagan, Scott D. 'Why Do States Build Nuclear Weapons?: Three Models in Search of a Bomb'. *International Security* 21, no. 3 (1996): 54-86.

Sagan, Scott D., and Jeremi Suri. 'The Madman Nuclear Alert: Secrecy, Signaling, and Safety in October 1969'. *International Security* 27, no. 4 (2003): 150-183.

Sagan, Scott D., and Kenneth N. Waltz. *The Spread of Nuclear Weapons: A Debate Renewed.* New York: W. W. Norton, 2003.

Sanger, David E. 'Nuclear Reality: America Loses Bite'. *New York Times*, February 20, 2005..

Sauer, Tom. 'A Second Nuclear Revolution: From Nuclear Primacy to Post-Existential Deterrence'. *Journal of Strategic Studies* 32, no. 5 (2009): 745-767.

Sayle, Murray. 'Did the Bomb End the War?'. *New Yorker*, July 31, 1995.

Schaffer, Ronald. 'American Military Ethics in World War II: The Bombing of German Civilians'. *Journal of American History* 67, no. 2 (1980): 318-334.

Scheer, Robert. *With Enough Shovels: Reagan, Bush, & Nuclear War.* New York: Random House, 1982.（ロバート・シーア著，藤城博監訳 『破滅への選択：レーガンの核戦略』 時事通信社 1983）

Schell, Jonathan. *The Fate of the Earth.* New York: Knopf, 1982.（ジョナサン・シェル著，斎田一路・西俣総平訳 『地球の運命』 朝日新聞社 1982）

Schell, Jonathan. *The Abolition.* New York: Alfred A. Knopf, 1984.

Schell, Jonathan. *The Unfinished Twentieth Century.* New York: Verso, 2001.

Schell, Jonathan. *The Unconquerable World: Power, Nonviolence, and the Will of the People.* New York: Metropolitan Books, 2003.

Schell, Jonathan. *The Seventh Decade: The New Shape of Nuclear Danger.* New York: Metropolitan Books, 2007.

Schelling, Thomas C. *Arms and Influence.* New Haven, Connecticut: Yale University Press, 1966.

Schelling, Thomas C. *The Strategy of Conflict.* Cambridge, Massachusetts: Harvard University Press, 1980.（トーマス・シェリング著，河野勝監訳 『紛争の戦略：ゲーム理論のエッセンス』 勁草書房 2008）

Schelling, Thomas C. 'A World Without Nuclear Weapons?', *Daedalus* 138, no. 4 (Fall 2009): 124-129

Schlesinger, Arthur M, Jr. *A Thousand Days: John F. Kennedy in the White House.* Greenwich, Connecticut: Fawcett Premier Books, 1965.（A. M. シュレジンガー著，中屋健一訳 『ケネディ：栄光と苦悩の一千日』 河出書房新社 1971）

Schrecker, Ellen, ed. *Cold War Triumphalism: The Misuse of History After the Fall of Communism.* New York: The New Press, 2004.

Schroeer, Dietrich. *Science, Technology, and the Nuclear Arms Race.* New York: John Wiley & Sons, 1984.

Schwartz, David N. *NATO's Nuclear Dilemmas.* Washington, D.C.: The Brookings Institution, 1983.

Schwartz, Stephen I., ed. *Atomic Audit: The Costs and Consequences of U.S. Nuclear Weapons Since 1940.* Washington, D.C.: Brookings Institution Press, 1998.

Schwartz, Stephen I. and Deepti Choubey. *Nuclear Security Spending: Assessing Costs, Examining Priorities.* Washington, D.C.: Carnegie Endowment for International Peace, 2009.

Scoblic, J. Peter. *U.S. Vs. Them: How a Half Century of Conservatism Has Undermined America's Security.* New York: Viking, 2008.

Scott, Len. *The Cuban Missile Crisis and the Threat of Nuclear War.* London: Continuum, 2007.

Scott, Len, and Steve Smith. 'Lessons of October: Historians, Political Scientists, Policy-Makers and the Cuban Missile Crisis'. *International Affairs* 70, no. 4 (1994): 659-684.

Scoville, Herbert, Jr. *Mx: Prescription for Disaster.* Cambridge, Massachusetts: The MIT Press, 1982.

Seaborg, Glenn T. *Kennedy, Khrushchev, and the Test Ban.* Berkeley and Los Angeles, California: University of California Press, 1981.

Seabury, Paul, and Angelo Codevilla. *War: Ends & Means.* New York: Basic Books, 1989.

Sebald, W.G. *On the Natural History of Destruction.* New York: Modern Library, 2004.

Sekimori, Gaynor, trans. *Hibakusha: Survivors of Hiroshima and Nagasaki.* Tokyo: Kosei, 1987.

Sen, Amartya. *Identity and Violence: The Illusion of Destiny.* New York: W. W. Norton, 2006.（アマルティア・セン著，大門毅監訳，東郷えりか訳 『アイデンティティと暴力：運命は幻想である』 勁草書房 2011）

Sethi, Manpreet, ed. *Towards a Nuclear Weapon Free World.* New Delhi: KW Publishers, 2009.

Seward, Desmond. *The Monks of War: The Military Religious Orders.* New York: Penguin Books, 1995.

Shapiro, Jerome F. *Atomic Bomb Cinema: The Apocalyptic Imagination on Film.* New York: Routledge, 2002.

Shepley, James. 'How Dulles Averted War: Three Times, New Disclosures Show, He Brought U.S. Back From the Brink'. *Life,* January 16, 1956: 70-80.

Sherry, Michael S. *The Rise of American Air Power: The Creation of Armageddon.* New Haven, Connecticut: Yale University Press, 1987.

Sherwin, Martin J. *A World Destroyed: The Atomic Bomb and the Grand Alliance.* New York: Vintage Books, 1977.（マーティン・J.シャーウィン著，加藤幹雄訳 『破滅への道程：原爆と第二次世界大戦』 TBSブリタニカ 1978）

Shigemitsu, Mamoru. *Japan and Her Destiny.* New York: E.P.Dutton, 1958.（重光葵著 『昭和の動乱 上・下』 中央公論社 1952，新装版有）

Shils, Edward A., and Morris Janowitz. 'Cohesion and Disintegration in the Wehrmacht in World War II'. *The Public Opinion Quarterly* 12, no. 2 (1948): 280-315.

Shue, Henry, ed. *Nuclear Deterrence and Moral Restraint.* New York: Cambridge University Press, 1989.

参考文献

Shultz, George P., William J. Perry, Henry A. Kissinger, and Sam Nunn. 'A World Free of Nuclear Weapons'. *Wall Street Journal,* January 4, 2007: A15.

Sigal, Leon V. *Fighting to a Finish: The Politics of War Termination in the United States and Japan, 1945.* Ithaca, New York: Cornell University Press, 1988.

Simons, Anna. 'War: Back to the Future'. *Annual Review of Anthropology* 28 (1999): 73-108.

Siracusa, Joseph M. *Nuclear Weapons.* New York: Oxford University Press, 2008.

Skates, John Ray. *The Invasion of Japan: Alternative to the Bomb.* Columbia, South Carolina: University of South Carolina Press, 2000.

Smith, Dale O. 'The Role of Airpower Since World War II'. *Military Affairs* 19, no. 2 (1955): 71-76.

Smith, Derek D. *Deterring America: Rogue States and the Proliferation of Weapons of Mass Destruction.* New York: Cambridge University Press, 2006.

Smith, Rupert. *The Utility of Force: The Art of War in the Modern World.* New York: Alfred A. Knopf, 2007.（ルパート・スミス著，山口昇監修，佐藤友紀訳 『ルパート・スミス軍事力の効用』 原書房 2014）

Smoke, Richard. *War: Controlling Escalation.* Cambridge, Massachusetts: Harvard University Press, 1977.

Smoke, Richard. *National Security and the Nuclear Dilemma: An Introduction to the American Experience.* Reading, Massachusetts: Addison-Wesley, 1984.

Solingen, Etel. *Nuclear Logics: Contrasting Paths in East Asia & the Middle East.* Princeton, New Jersey: Princeton University Press, 2007.

Sorensen, Theodore C. *Kennedy.* New York: Bantam Books, 1966.（シオドア・C. ソレンセン著，大前正臣訳 『ケネディの道』 弘文堂 1966）

Sorensen, Theodore C. 'Memorandum for the President,' October 17, 1962, Sorensen Papers, John F. Kennedy Library, Boston, Ma, box 48, Cuba folder.

Spiers, Edward M. *Chemical Warfare.* Chicago: University of Illinois Press, 1986.

Stavropoulos, Steven. *The Beginning of All Wisdom: Timeless Advice From the Ancient Greeks.* New York: Marlowe, 2003.

Steele, Jonathan. *Soviet Power: The Kremlin's Foreign Policy-Brezhnev to Chernenko.* New York: Simon and Schuster, 1984.

Steinbruner, John D., and Leon V. Sigal, eds. *Alliance Security: NATO and the No-First-Use Question.* Washington, DC: Brookings Institution, 1983.

Sterba, James P. *The Ethics of War and Nuclear Deterrence.* Belmont, California: Wadsworth Publishing, 1985.

Stimson, Henry L. 'The Decision to Use the Atomic Bomb'. *Harper's Magazine* 194 (February 1947): 97-107.

Strozier, Charles B. *Apocalypse: On the Psychology of Fundamentalism in America.* Boston: Beacon Press, 1994.

Strozier, Charles B., and Laura Simich. 'Christian Fundamentalism and Nuclear Threat'. *Political Psychology* 12, no. 1 (1991): 81-96.

Subcommittee on Investigations and Oversight of the Committee on Science and Technology. *The Consequences of Nuclear War on Global Environment*. Washington, DC: U.S. Government Printing Office, 1983.

Summers, Harry G., Jr. 'Lessons: A Soldier's View'. *Wilson Quarterly* 7, no. 3 (1983): 125-135.

Sun-tzu, *The Art of War*. Translated by John Minford, New York: Penguin Books, 2002.（孫子著, 金谷治訳 『新訂 孫子』 岩波書店 2000, 他邦訳複数有）

Szumski, Bonnie. *Nuclear War: Opposing Viewpoints*. St. Paul, Minnesota: Greenhaven Press, 1985.

Takaki, Ronald. *Hiroshima: Why America Dropped the Atomic Bomb*. New York: Little, Brown, 1995.（ロナルド・タカキ著, 山岡洋一訳 『アメリカはなぜ日本に原爆を投下したのか』 草思社 1995）

Talbott, Strobe. *Deadly Gambits: The Reagan Administration and the Stalemate in Nuclear Arms Control*. New York: Alfred A. Knopf, 1984.

Talbott, Strobe. *The Russians and Reagan*. New York: Vintage Books, 1984.

Tanaka, Yuki, and Marilyn Young, eds. *Bombing Civilians: A Twentieth Century History*. New York: New Press, 2009.

Tannenwald, Nina. *The Nuclear Taboo: The United States and the Non-Use of Nuclear Weapons Since 1945*. New York: Cambridge University Press, 2007.

Taylor, A. J. P. *A History of the First World War*. New York: Berkley Medallion Books, 1963.

Teller, Edward, and Allen Brown. *The Legacy of Hiroshima*. Garden City, New York: Doubleday, 1962.（E. テラー／A. ブラウン著, 木下秀夫他訳 『広島の遺産 上・下』 時事通信社 1962）

Temes, Peter S. *The Just War: An American Reflection on the Morality of War in Our Time*. Chicago: Ivan R. Dee, 2003.

Tertrais, Bruno. 'In Defense of Deterrence: The Relevance, Morality and Cost-Effectiveness of Nuclear Weapons'. *Proliferation Papers* 39 (Fall 2011).

Thompson, E. P. *The Heavy Danger: Writings on War, Past and Future*. New York: Pantheon Books, 1985.

Thompson, E. P., and Dan Smith. *Protest and Survive*. New York: Monthly Review Press, 1981.（E.P. トンプソン／D. スミス編, 丸山幹正訳 『世界の反核理論』 勁草書房 1983）

Togo, Shigenori. *The Cause of Japan*. Translated by Fumihiko Togo and Ben Bruce Blakeney. New York: Simon and Schuster, 1956.（東郷重徳著 『時代の一面：東郷茂徳外交手記』 原書房 2005, 旧版複数有）

Townshend, Charles. *The Oxford History of Modern War*. New York: Oxford University Press, 2000.

Trachtenberg, Marc. *History and Strategy*. Princeton, New Jersey: Princeton University

Press, 1991.
Trachtenberg, Marc. *A Constructed Peace: The Making of the European Settlement 1945-1963*. Princeton, New Jersey: Princeton University Press, 1999.
Trachtenberg, Marc. 'The Influence of Nuclear Weapons in the Cuban Missile Crisis'. *International Security* 10, no. 1 (Summer 1985): 137-203.
Trachtenberg, Marc. 'A "Wasting Asset": American Strategy and the Shifting Nuclear Balance, 1949-1954'. *International Security* 13, no. 3 (1988): 5-49.
Tsipis, Kosta. *Arsenal: Understanding Weapons in the Nuclear Age*. New York: Simon and Schuster, 1983.
Tuchman, Barbara W. *The March of Folly: From Troy to Vietnam*. New York: Ballantine Books, 1984. (バーバラ・W. タックマン著, 大社淑子訳 『愚行の世界史：トロイアからベトナムまで 上・下』 中央公論新社 2009)
Tucker, Jonathon B. *War of Nerves: Chemical Warfare From World War I to Al-Queda*. New York: Panthon Books, 2006.
Turnbull, Stephen. *Mongol Warrior 1200-1350*. New York: Osprey, 2003.
Turner, Stansfield. *Caging the Nuclear Genie and American Challenge for Global Security*. Boulder, Colorado: Westview Press, 1977.
Ury, William Langer, and Richard Smoke. *Beyond the Hotline: Controlling a Nuclear Crisis*. Cambridge, Massachusetts: Harvard Law School, 1984.
Usdin, Gene, ed. *Perspectives on Violence*. New York: Brunner/Mazel, 1972.
Utgoff, Victor A. *The Challenge of Chemical Weapons: An American Perspective*. Basingstoke, UK: Macmillan, 1990
Utgoff, Victor A. *The Coming Crisis: Nuclear Proliferation, U.S. Interests, and World Order*. Cambridge, Massachusetts: The MIT Press, 2000.
VanDeMark, Brian. *Pandora's Keepers: Nine Men and the Atomic Bomb*. New York: Back Bay Books, 2003.
Walker, J. Samuel. *Prompt and Utter Destruction: Truman and the Use of Atomic Bombs Against Japan*. Revised edition. Chapel Hill, North Carolina: University of North Carolina Press, 2004. (J. サミュエル・ウォーカー著, 林義勝監訳 『原爆投下とトルーマン』 彩流社 2008)
Walker, William. *A Perpetual Menace: Nuclear Weapons and International Order*. New York: Routledge, 2012.
Walzer, Michael. *Arguing About War*. New Haven, Connecticut: Yale University Press, 2004. (マイケル・ウォルツァー著, 駒村圭吾・鈴木正彦・松元雅和訳 『戦争を論ずる：正戦のモラル・リアリティ』 風行社 2008)
Walzer, Michael. 'Political Action: The Problem of Dirty Hands'. *Philosophy and Pubic Affairs* 2, no. 2 (1973): 160-180.
Walzer, Michael. *Just and Unjust Wars: A Moral Argument With Historical Illustrations*.

New York: Basic Books, 1977.（マイケル・ウォルツァー著，萩原能久監訳 『正しい戦争と不正な戦争』 風行社 2008）

Weapons of Mass Destruction Commission. *Weapons of Terror: Freeing the World Nuclear, Biological, and Chemical Arms*. Stockholm: Fritzes, 2006.（大量破壊兵器委員会著，西原正日本語版監修，川崎哲・森下麻衣子・メレディス・ジョイス訳 『大量破壊兵器：廃絶のための60の提言』 岩波書店 2007）

Weber, Eugen. *Apocalypses: Prophesies, Cults, and Millennial Beliefs Through the Ages*. Cambridge, Massachusetts: Harvard University Press, 1999.

Wedgwood, C. V. *The Thirty Years War*. New York: New York Review of Books Classic, 2005.（C. ヴェロニカ・ウェッジウッド著，瀬原義生訳 『ドイツ三十年戦争』 刀水書房 2003）

Weeks, Jessica L. 'Autocratic Audience Costs: Regime Type and Signaling Resolve'. *International Organization* 62 (2008): 35-64.

Weinberg, Steven. *Lake Views: This World and the Universe*. Cambridge, Massachusetts: Belknap Press of Harvard University Press, 2009.

Welch, David A., and James G. Blight. 'The Eleventh Hour of the Cuban Missile Crisis: An Introduction to the Excomm Transcripts'. *International Security* 12, no. 3 (1987): 5-92.

Wertheimer, Alan. *Coercion*. Princeton, New Jersey: Princeton University Press, 1987.

Whalen, Richard J. *Catch the Falling Flag: A Republican's Challenge to His Party*. Boston: Houghton Mifflin, 1972.

'White House Tapes and Minutes of the Cuban Missile Crisis'. *International Security* 10, no. 1 (1985): 164-203.

Whitfield, Stephen J. *The Culture of the Cold War*. Baltimore, Maryland: Johns Hopkins University Press, 1991.

Willis, Garry. *Bomb Power: The Modern Presidency and the National Security State*. New York: Penguin Press, 2010.

Wilson, Peter H. *The Thirty Years War: Europe's Tragedy*. Cambridge, Massachusetts: Belknap Press of Harvard University Press, 2009.

Wittgenstein, Ludwig. *Philosophical Investigations*. Translated by G. E. M. Anscombe. New York: Macmillan, 1958.（ルートヴィヒ・ヴィトゲンシュタイン著，丘沢静也訳 『哲学探究』 岩波書店 2013, 他各種邦訳、版有）

Wojcik, Daniel. *The End of the World as We Know it: Faith Fatalism, and Apocalypse in America*. New York: New York University Press, 1997.

Wojcik, Daniel. 'Embracing Doomsday: Faith, Fatalism, and Apocalyptic Beliefs in the Nuclear Age'. *Western Folklore* 55, no. 4 (1996): 297-330.

Wolfenstein, Martha. *Disaster, a Psychological Essay*. New York: Free Press, 1957.

Wolter, Detlev. *Common Security in Outer Space and International Law*. Geneva: United Nations Publications, 2006.

Wuthnow, Robert. *Be Very Afraid: The Cultural Response to Terror, Pandemics, Environmental Devastation, Nuclear Annihilation, and Other Threats*. New York: Oxford University Press, 2010.

Wyden, Peter. *Day One: Before Hiroshima and After*. New York: Simon and Schuster, 1984.

Yale, Wesley W., I. D. White, and Hasso E. von Manteuffel. *Alternative to Armageddon: The Peace Potential of Lightning War*. New Brunswick, New Jersey: Rutgers University Press, 1970.

Younger, Stephen M. *The Bomb: A New History*. New York: Ecco, 2010.

Yuan, Jing-dong. 'Chinese Perceptions of the Utility of Nuclear Weapons: Prospects and Potential Problems in Disarmament'. *Proliferation Papers* 34 (Spring 2010).

Zeman, Scott C., and Michael A. Amundson. *Atomic Culture: How We Learned to Stop Worrying and Love the Bomb*. Boulder, Colorado: University Press of Colorado, 2004.

Zinn, Howard. *The Bomb*. San Francisco: City Lights Books, 2010.（ハワード・ジン著，岸本和世・荒井雅子訳　『爆撃』　岩波書店　2010）

Zuckerman, Edward. *The Day After World War III: The U.S. Government's Plans for Surviving a Nuclear War*. New York: Viking Press, 1984.

Zuckerman, Solly. *Nuclear Illusion & Reality*. New York: Vintage Books, 1982.

索　引

あ行

阿南惟幾　32, 44
安全保障　119, 128
イスラエルの核兵器　87
宇垣纏　42
エスカレート　81, 82

か行

核拡散　1
核戦争　9, 13, 67, 75, 77, 111
核態勢の見直し　3
核弾頭搭載の魚雷　80
核弾頭の小型化　67
核テロ　1
核の休日　133
核爆発　59
核兵器　1, 2, 15, 67, 116, 119, 124, 129
核兵器のない世界　3
核兵器廃絶　134
核抑止　5, 7, 19, 26, 69, 70, 77, 83, 86, 89-91, 132, 134
核抑止の機能不全　84, 85, 88
核抑止力　99
核抑止力の傘　26
核例外論　64
河辺虎四郎　41
北大西洋条約機構（NATO）　104
木戸幸一　50
究極的兵器　121
キューバミサイル危機　71
経済統合　103
ケネディ，ロバート　71, 73, 111, 112
現実主義　19

国際機構　104

さ行

最高戦争指導会議　30, 32, 41, 43, 46
最大の兵器　137
迫水久常　43, 50
実用主義　16
修正主義者　27, 28
集団的な価値づけ　121
常任理事国　124
勝利の兵器　29
「心理的」兵器　120
心理兵器　25
神話　10, 49, 129
水素爆弾（水爆）　6, 58
水爆革命　60
スターリン　44, 84
スターリングラード　65
スティムソン，ヘンリー・L.　25
精密誘導兵器　137
世界の終末　11, 12, 14
戦術核巡航ミサイル　82
戦争の時代　107
全面核戦争　7, 82
戦略爆撃　34, 60, 61
戦略爆撃調査団　61
相互確証破壊　1
ソ連侵攻　33
ソ連の核抑止　74
ソ連の宣戦布告　45

た行

高木惣吉　42
力の貨幣　124, 126

中東危機　87
中東戦争　7
朝鮮戦争　10, 85
通常抑止　71
伝統的解釈　47
天皇の正統性　48
東京大空襲　34, 40
東郷茂徳　44
都市攻撃　62
都市爆撃　5, 29, 35, 113

な　行

長い平和　7, 99, 105, 107
ナポレオン戦争　65

は　行

敗北主義者　130
破壊力　59, 65
爆発エネルギー　59
パラダイム　89, 90
B29爆撃機　9, 34, 84-86
広島・長崎への原爆投下　29, 51
フルシチョフ　73
ベイカー，ジェームズ　88

平和の時代　104
ベルリン危機　8, 84
ベルリン封鎖　8, 85
報復能力　19
暴力　105

ま　行

魔神の議論
無条件降伏　30

や　行

ヨーロッパ連合　103
抑止　70, 71, 126
抑止力　90
抑止論　70
米内光政　42, 50

ら　行

冷戦　5, 49, 136

わ　行

ワルシャワ条約　104
湾岸戦争　7, 88

著者・訳者紹介

著 者

ウォード・ウィルソン（Ward Wilson） British American Security Information Council（BASIC）の核兵器再検討プロジェクト（Rethinking Nuclear Weapons Project）のディレクター兼主任研究員。元モントレー国際大学ジェームズ・マーティン不拡散研究センター主任研究員。国際連合，スタンフォード大学，プリンストン大学，ジョージタウン大学，米国海軍大学等多数の政府機関，大学，シンクタンク等で核軍縮に関する講演を行っている。

日本語版監修者
黒澤　満（くろさわ　みつる）　　大阪女学院大学教授，長崎大学核兵器廃絶研究センター顧問

監訳者
広瀬　訓（ひろせ　さとし）　　長崎大学核兵器廃絶研究センター副センター長

翻訳者
冨塚　明（とみづか　あきら）　　長崎大学環境科学部准教授，長崎大学核兵器廃絶研究センター准教授（兼務）（序論，結論）
田井中雅人（たいなかまさと）　　朝日新聞・核と人類取材センター記者（第1章，第2章）
土岐　雅子（とき　まさこ）　　ミドルベリー国際大学院モントレー校ジェームズ・マーティン不拡散研究センター教育プロジェクトマネージャー（第3章）
中村　桂子（なかむら　けいこ）　　長崎大学核兵器廃絶研究センター准教授（第4章，第5章）

Horitsu Bunka Sha

RECNA叢書

核兵器をめぐる5つの神話

2016年5月1日 初版第1刷発行

著　者	ウォード・ウィルソン
日本語版監修者	黒澤　満（くろさわ　みつる）
監訳者	広瀬　訓（ひろせ　さとし）
発行者	田靡純子
発行所	株式会社 法律文化社

〒603-8053
京都市北区上賀茂岩ヶ垣内町71
電話 075(791)7131 FAX 075(721)8400
http://www.hou-bun.com/

＊乱丁など不良本がありましたら，ご連絡ください。
　お取り替えいたします。

印刷：中村印刷㈱／製本：㈱吉田三誠堂製本所
装幀：白沢　正

ISBN 978-4-589-03775-6
Ⓒ2016 Satoshi Hirose Printed in Japan

JCOPY 〈(社)出版者著作権管理機構 委託出版物〉

本書の無断複写は著作権法上での例外を除き禁じられています。複写される場合は，そのつど事前に，(社)出版者著作権管理機構（電話 03-3513-6969，FAX 03-3513-6979, e-mail: info@jcopy.or.jp）の許諾を得てください。

広島市立大学広島平和研究所編
平和と安全保障を考える事典
A5判・710頁・3600円

被爆70年を経過したいま，世界はどれだけ平和となったのか？ 200名を超える研究者らが平和と安全保障に関する10分野にわたる約1300語を解説。平和研究のこれまでの到達点を示す平和研究の「バイブル」書。

ヨハン・ガルトゥング著／
藤田明史・奥本京子監訳，トランセンド研究会訳
ガルトゥング紛争解決学入門
――コンフリクト・ワークへの招待――
A5判・268頁・3000円

平和学のパイオニアである著者による平和的紛争転換論の実践的入門書。日常生活（ミクロ）からグローバルな領域（マクロ）にわたる様々な紛争の平和的転換方法（＝トランセンド法）を具体的な事例に即して丁寧に概説。

寺島俊穂著
戦争をなくすための平和学
A5判・250頁・2500円

非暴力主義の立場から平和の理論構築を行い，実践的学問である平和学の今日的課題を探究。戦争のない世界の実現をめざし，私たちの役割と課題に言及し，誰にでもできる実践が平和の創造と構築に結びつくことを説く。

日本平和学会編
平和を考えるための100冊＋α
A5判・298頁・2000円

平和について考えるために読むべき書物を解説した書評集。古典から新刊まで名著や定番の書物を厳選。要点を整理・概観したうえ，考えるきっかけを提示する。平和でない実態を知り，多面的な平和に出会うことができる。

藤田久一著
核に立ち向かう国際法
――原点からの検証――
A5判・242頁・5200円

原発事故で改めて大きく問われている核問題。約半世紀前の広島・長崎原爆判決を起点に，国際法が核使用にどこまで歯止めをかけてきたのかを歴史的に検証する。国際司法裁判所の意見，9.11後の日米安保を扱う論考も収載。

木村朗／ピーター・カズニック著
広島・長崎への原爆投下再考
――日米の視点――
A5判・218頁・2800円

史実に基づく多数の研究成果をふまえ，広島・長崎への原爆投下を批判的に再考する。日米双方から，「原爆神話」や原爆投下決定過程をあらためて分析する試みは，「核兵器のない世界」へ向けて多くの示唆を与える。

―――― 法律文化社 ――――

表示価格は本体（税別）価格です